Office 2021

Was gibt’s Neues?

Ina Koys

Kurz & Knackig, Band 27

Inhalt

0 Was wir hier besprechen

Seit vielen Jahren wird das Microsoft-Office-Paket immer wieder aktualisiert. Es werden neue Möglichkeiten geboten und gelegentlich das Aussehen modernisiert. Seit ein paar Jahren gibt es nun gleichzeitig zwei aktuelle Versionen: das gemietete, sich immer wieder ändernde Office 365 mit starker Cloud-Anbindung und das wie gewohnt nur einmal zu kaufende Paket, das sich nicht ändert. Die neueste Version ist Office 2021. Hier wurden die an der Mietversion getesteten Teile dauerhaft in das Paket eingearbeitet und stehen jetzt auch den Anwendern zur Verfügung, die nicht mit Cloudanbindung arbeiten möchten.

Wir sehen uns hier nur neue Möglichkeiten und Funktionen der einzelnen Anwendungen an. Falls Sie dann bestimmte Aspekte vertiefen möchten, passt vielleicht eins meiner anderen Hefte auf Ihre Wünsche - die speziellen Versionen für Office 2021 sind schon in Arbeit.

Viel Spaß beim Erkunden der neuen Möglichkeiten!

1 Allgemein

Wenn wir hier über so viele Dinge sprechen wollen, die neu sind, fangen wir doch vielleicht an mit etwas, das sich quasi gespalten hat: OneNote. Es war bis 2016 Teil des Office-Pakets, wurde aus der Version 2019 entfernt und ist seit Windows 10 in modifizierter Form als Teil des Betriebssystems. Diese Variante eignet sich in erster Linie für Privatanwender. Die Firmenanwender haben dann aber so laut protestiert, dass Microsoft in sich gegangen ist und OneNote mit Office 2021 wieder ausliefert - völlig unverändert gegenüber Office 2016. Wir werden deshalb hierauf nicht näher eingehen. Für Interessierte gibt es aber mein Heft „Das digitale Notizbuch", das sowohl die Windows-Version als auch die Office-Version von OneNote mit ihren unterschiedlichen Vorteilen erklärt.

1.1 Optische Neuheiten

Grundsätzlich wurde die vertraute Arbeitsoberfläche kaum geändert. Wie vorher auch, kann man verschiedene Office-Designs einstellen, um das Erscheinungsbild farblich anzupassen. Die Freunde des dunklen Windows-Designs können das jetzt aber auch über ***Datei/Optionen/Allgemein*** automatisch zu Office durchstellen lassen.

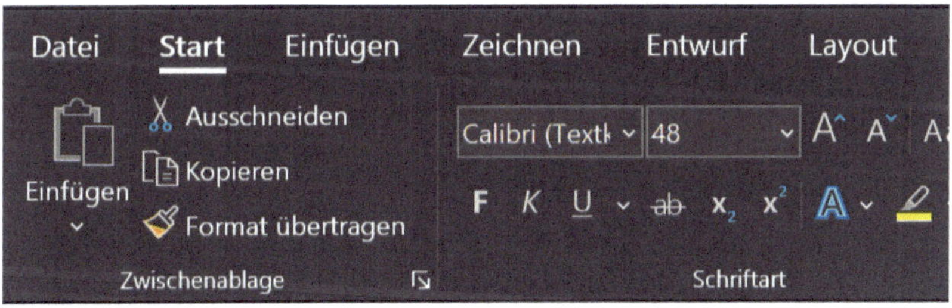

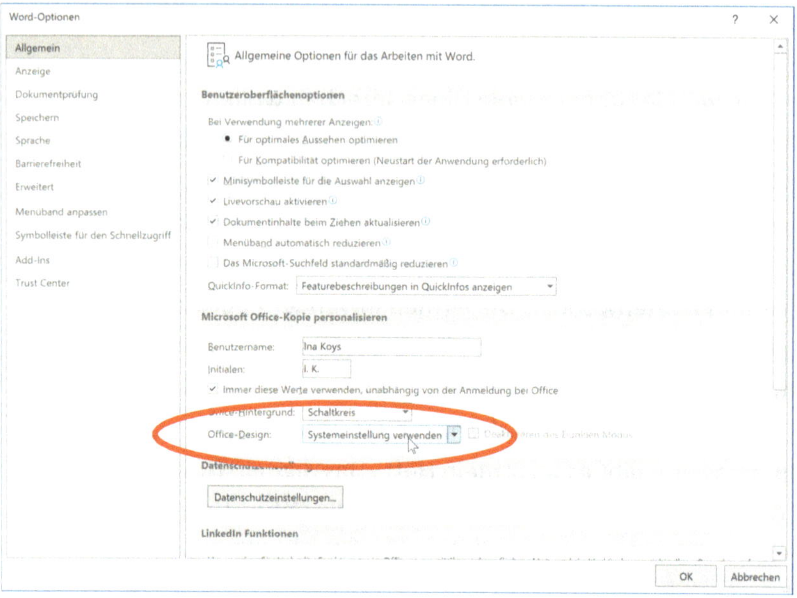

Nach wie vor kann man sich unabhängig von der Farbgebung die Bedienelemente vorstellen als auf Registerkarten angeordnet. Aber da diese immer dezenter und abstrakter dargestellt werden, ist das kaum noch zu erkennen.

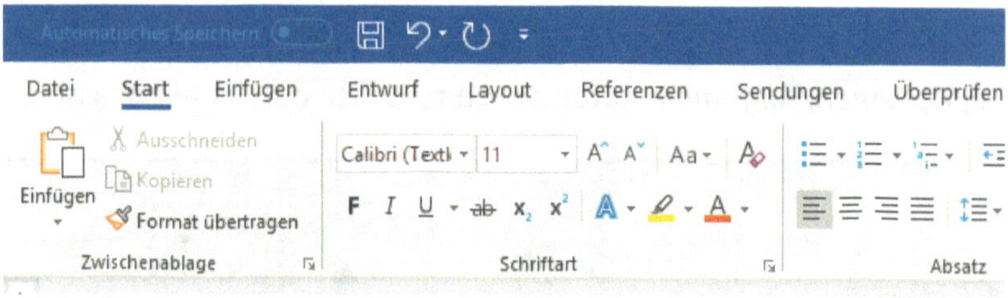

Nur ein dezenter Strich unter **Start** lässt hier noch erkennen, dass wir uns in der Registerkarte **Start** befinden. Beachten Sie hier übrigens auch das nostalgische **Speichern**-Symbol. Man muss schon lange mit dem Computer arbeiten, um es als Diskette zu erkennen und sich daran zu erinnern, dass es derlei Speichermedien einmal wirklich gab.

Bei Neuinstallationen werden Ihnen die Registerkarten gelegentlich ganz verborgen. Ein Doppelklick auf einen beliebigen Menütitel bringt sie aber wieder zurück – wie früher auch schon.

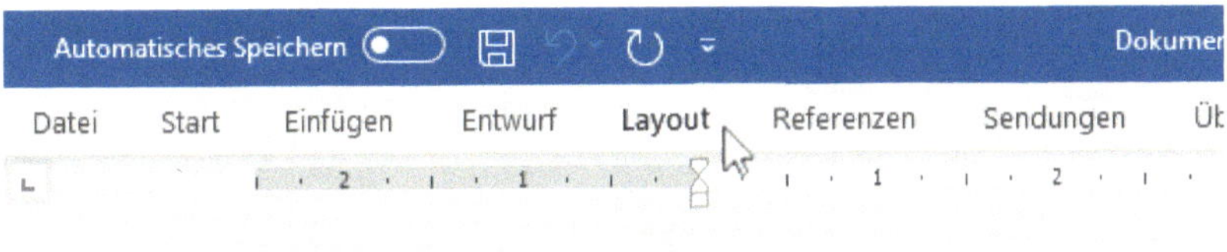

Aber zurück zu den Registerkarten. Die gängigen und altgedienten Funktionen werden Sie sicherlich wiederfinden. Aber auch mehr als 10 Jahre nach ihrer Einführung hat noch nicht jeder das Konzept der kontextsensitiven Registerkarten erkannt und verinnerlicht. Diese Registerkarten werden überhaupt nur mit ihren korrespondierenden Elementen angezeigt, z.B. also mit Grafiken. Nur dadurch, dass man eine Grafik bereits verwendet und diese auch angeklickt ist, wird einem die **Bildformat**-Registerkarte auch angezeigt.

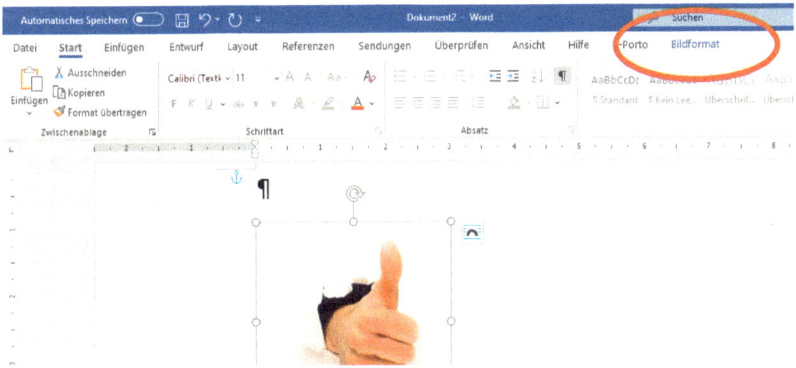

Dass sie aber gerade nicht aktiv ist und bei Bedarf durch Klick auf **Bildformat** erst nach vorne geholt werden muss, kann aus der Oberfläche kaum noch erschlossen werden. Man muss sich einfach daran gewöhnen gut hinzuschauen, dann funktioniert die Sache auch.

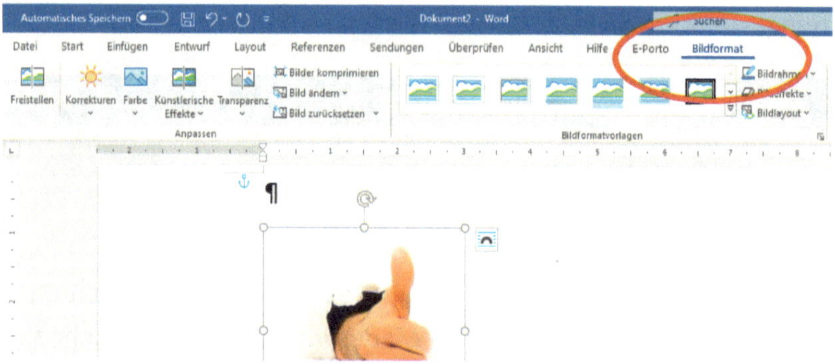

1.2 Speicherorte mit unterschiedlichen Vorzügen

In den meisten Fällen wird Office 2021 dort verwendet werden, wo die traditionelle Speicherstruktur mit Laufwerken und Verzeichnisbäumen beibehalten werden soll. Diese Struktur ist bewährt und vielen Anwendern vertraut. Deshalb wird sie auch noch lange in dieser oder ähnlicher Form beibehalten werden. Wir sehen uns das deshalb zuerst an.

Daneben gibt es aber die Möglichkeiten in der Cloud, die sich deutlich von der gewohnten Arbeitsweise unterscheiden. Sie werden sehr wahrscheinlich in unterschiedlichem Maße mehr und mehr in alle Arbeitsumgebungen einziehen. Wir sehen sie uns deshalb im Anschluss an.

Normalerweise werden Sie für das bekannte Speichern im Verzeichnisbaum vielleicht das Diskettensymbol in der Titelleiste verwenden.

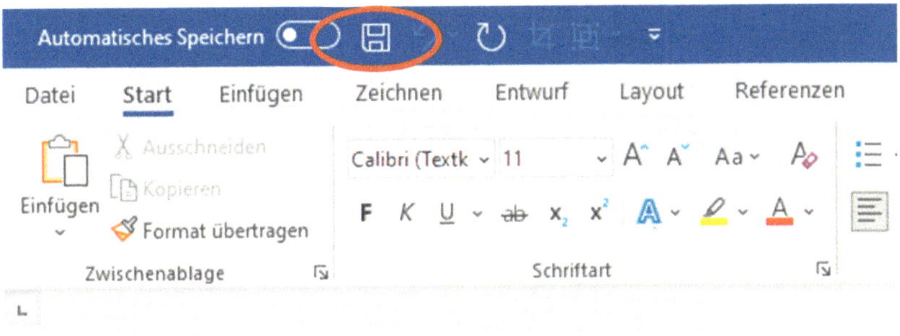

War das Dokument vorher noch nicht gespeichert, öffnet sich wahrscheinlich (je nach Einstellungen des Administrators) der sogenannte **Backstage**-Bereich mit dem **Speichern-unter**-Dialog.

Dort werden auf der rechten Seite die zuletzt verwendeten Speicherorte angeboten. Wollen Sie in einem anderen Verzeichnis speichern, so wählen Sie den **Durchsuchen**-Knopf, um in den bekannten **Speichern**-Dialog zu gelangen.

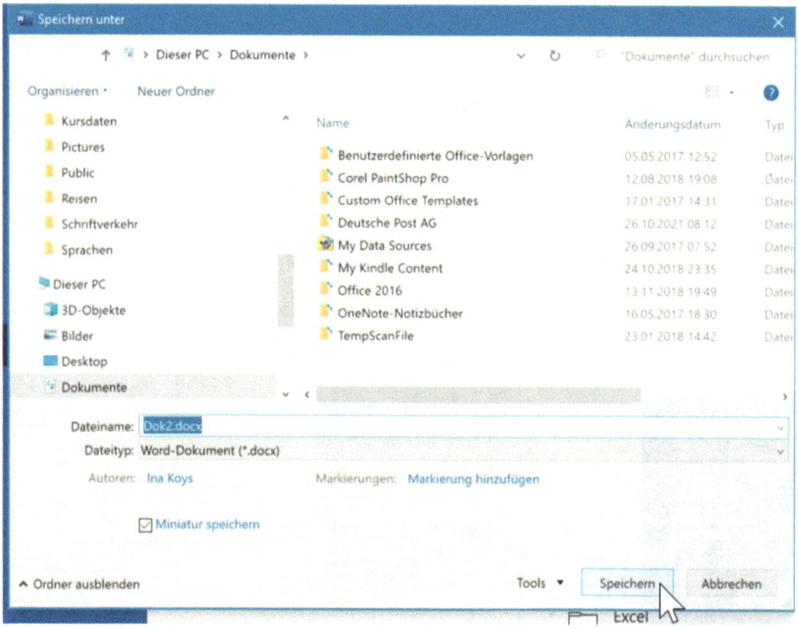

Hier hat sich außer Kleinigkeiten in der Optik wenig getan. Nach wie vor hätte Sie auch ein Klick auf den Reiter **Datei** im Programmfenster auf denselben Weg gebracht.

Es kann aber auch sein, dass der Klick auf die Diskette ein anderes Fenster öffnet. Dieses Fenster bietet zunächst – erkennbar am Wolkensymbol – einen Speicherort in der Cloud an. Wo dieser Ort nicht gewünscht wird, kann mit Klick auf **Weitere Optionen** ein anderes Verzeichnis gewählt werden – gleichgültig, ob in der Cloud oder nicht. Es führt Sie dann in den bekannten Speicherdialog.

Lassen Sie uns für einen Moment in der Cloud bleiben und uns ansehen, was sie für Möglichkeiten zu bieten hat. Dazu habe ich das Dokument jetzt dort gespeichert. Daraufhin ändert sich dann auch die Optik der Titelleiste – ein vorher ausgegrautes Symbol wird jetzt aktiv, es ist beschriftet mit **Automatisches Speichern**.

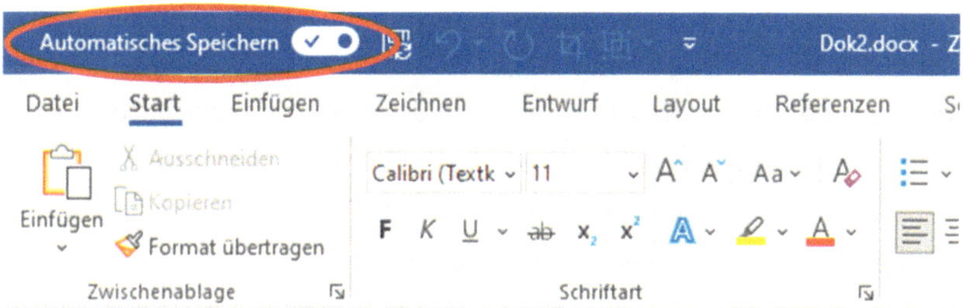

Dieses Symbol ist quasi ein Ein-Aus-Schalter, der gerade eingeschaltet ist, wie das Häkchen anzeigt. Es wird nur aktiv geschaltet, wenn auf einem Cloud-Speicherort (also OneDrive oder SharePoint) gespeichert wird. Denn nur dort kann laufend gespeichert werden, ohne dass sich der Nutzer darum kümmern muss. Man kann die Datei bei Bearbeitungsende einfach schließen und sicher sein, dass sie gut aufgehoben ist. Die Sache ist enorm praktisch und man gewöhnt sich sehr schnell daran. Es kann aber sein, dass man vielleicht nicht jedes Zwischenergebnis speichern möchte, weil vielleicht nur etwas ausprobiert werden soll und gar nicht sicher ist, dass das Ergebnis gefällt. Das wäre dann genau der Moment, den Schalter umzulegen und damit nicht mehr laufend zu speichern. Wird dann die Datei geschlossen, erscheint wieder die bekannte Nachfrage, ob gespeichert werden soll.

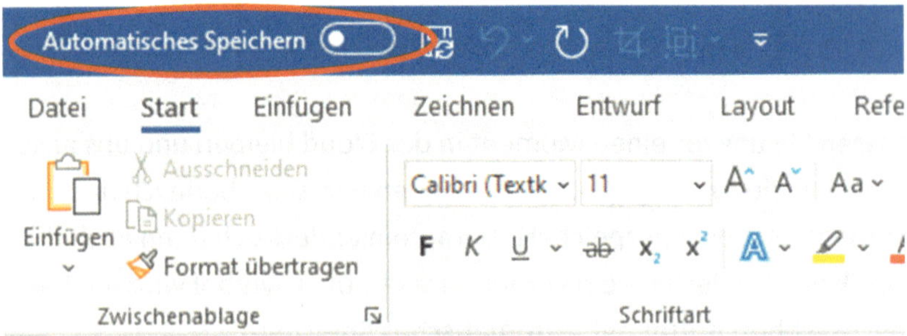

Aber werfen wir noch einmal einen Blick in das letzte Dialogfenster. Bei einer normal gespeicherten Datei würden wir es eigentlich nicht wiedersehen. Aber die Arbeit auf Cloudspeicherplätzen bietet noch einen anderen Vorteil, den es nur dort gibt: wir können die geöffnete Datei an Ort und Stelle umbenennen. Das geht durch Mausklick auf den angezeigten Dateinamen.

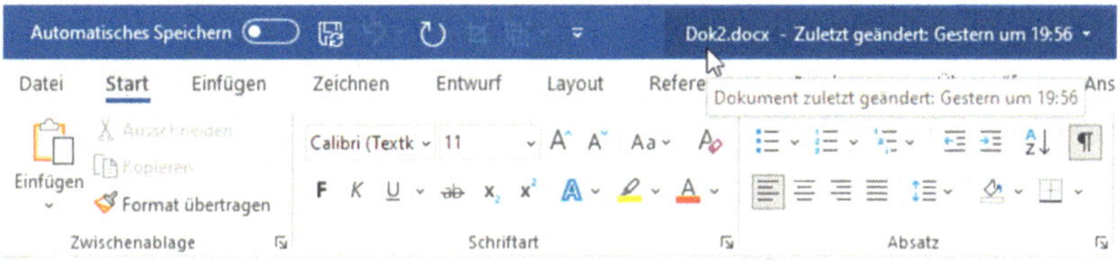

Es wird wieder der Speicherdialog geöffnet und Dateiname und Speicherort können beliebig geändert werden.

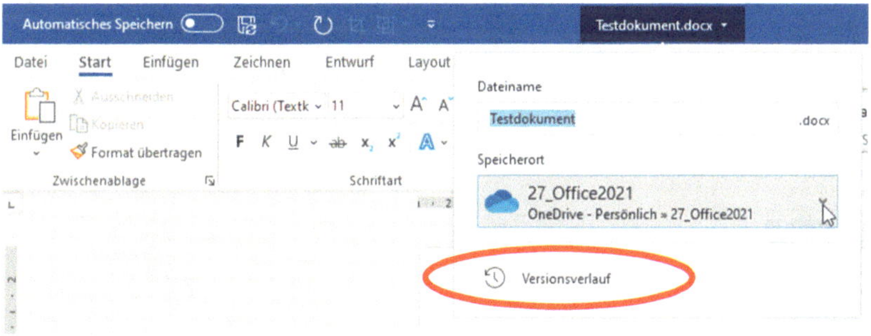

Wir sehen hier aber noch einen weiteren Vorteil: die automatische Mitverfolgung von Versionen. Jede Speicherung – automatisch oder händisch – wird protokolliert. Mit einem Mausklick auf den **Versionsverlauf** wird auf der rechten Bildschirmseite jeder gespeicherte Sachstand zur Einsicht und ggf. Wiederherstellung angeboten.

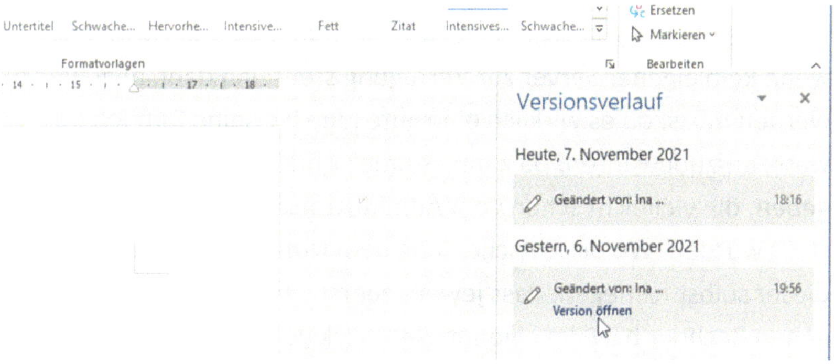

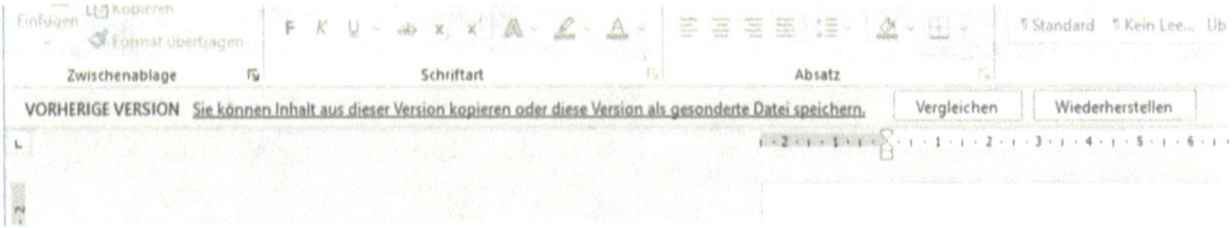

Ein Klick auf **Vergleichen** führt in den bekannten Überarbeitungsmodus, **Wiederherstellen** macht die gewählte Vorversion zur aktuellen, alle zwischenzeitlichen Änderungen werden verworfen.

Natürlich können Sie auch weiterhin mit ***Datei / Speichern unter...*** arbeiten. Hier wird Ihnen auch die bewährte Pinnwandnadel weiterhin angeboten, um häufig verwendete Dateien und Ordner griffbereit zu halten.

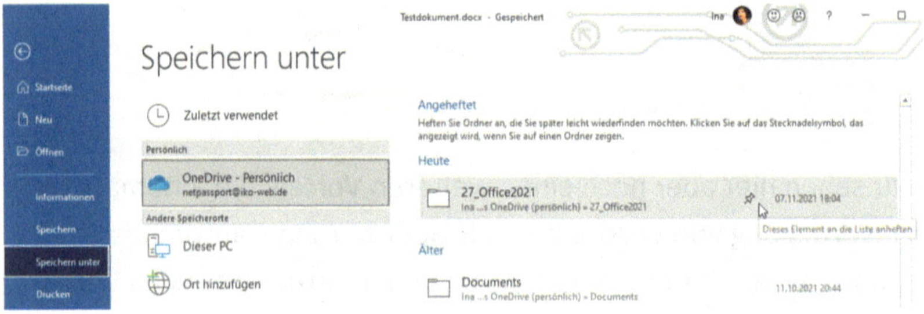

Cloudspeicherorte haben verschiedene Vorteile, von denen wir noch nicht alle besprochen haben. In der Tat kann es aber auch Gründe geben, sie besser nicht zu verwenden. Zum Beispiel dann, wenn kein eigener Server zur Verfügung steht und dann abgewogen werden muss, ob es wirklich eine gute Idee ist, seine Dateien auswärts aufzubewahren. Da kann es unterschiedliche Antworten geben, die vielleicht schon vom Administrator geklärt und durchgestellt wurden. Wo die Entscheidung dem Nutzer überlassen ist, kann dieser selbst festlegen, dass jeweils zuerst Speicherorte auf dem eigenen Rechner bzw. im eigenen Netzwerk vorgeschlagen werden.

Im Einzelfall kann dann aber trotzdem ein Cloudspeicher gewählt werden. Setzen Sie hierzu das Häkchen bei ***Datei / Optionen / Speichern / Standardmäßig auf Computer speichern.***

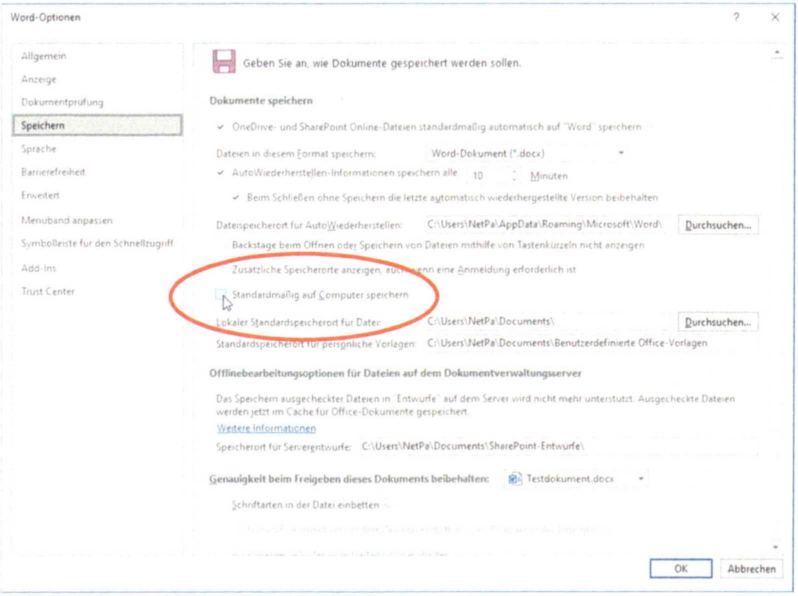

1.3 Freigaben für andere Nutzer

Wenn Sie Dateien gemeinsam mit anderen Nutzern bearbeiten wollen, so geht das auf den bekannten Netzlaufwerken nur eingeschränkt – ein Nutzer kann die Datei öffnen, alle anderen, die eigentlich auch Zugriff haben, können sie bestenfalls mit Schreibschutz öffnen. Immer häufiger aber ist es notwendig, dass auch gleichzeitige Zugriffe möglich sind. Das wäre dann gegeben, wenn Dateien auf „cloud-artigen" Speicherorten abgelegt sind, also Sharepoint oder OneDrive. Beide können auch unternehmensintern laufen, wenn das administrativ so eingerichtet wurde. Sofern eine Datei dort gespeichert ist, kann sie für alle Nutzer freigegeben werden, die Zugriff auf die entsprechende Struktur haben.

Es öffnet sich dann ein Fenster, in dem ich den Nutzernamen eintippen kann. Standardmäßig bekommt jeder Empfänger Schreibrecht für die Datei. Sofern das etwas begrenzt werden soll, hilft der Pfeil hinter der Mitteilung.

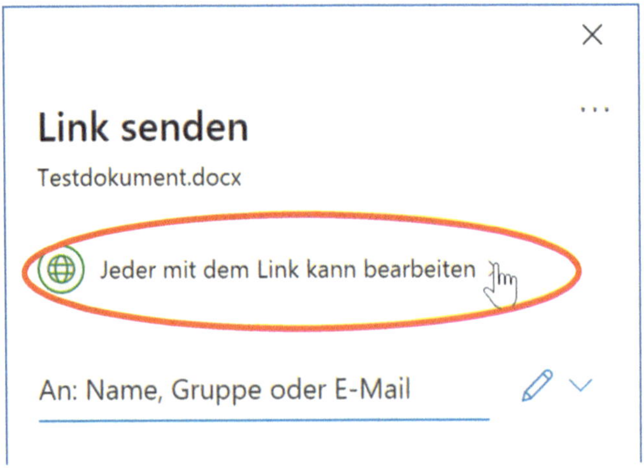

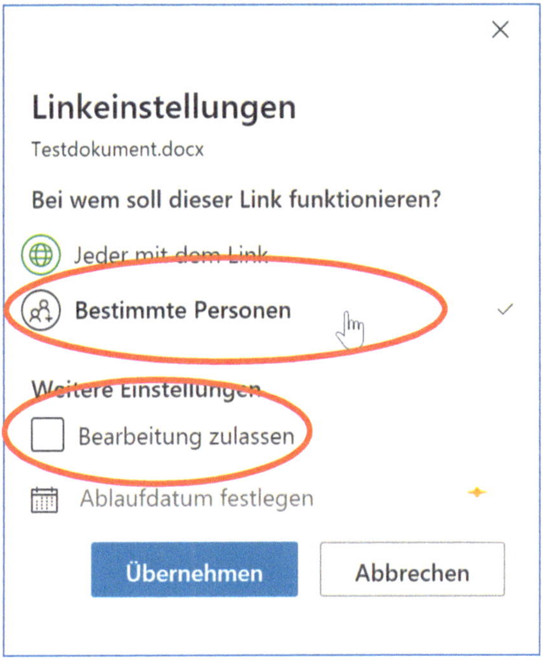

Je nach Speicherort kann sich der Inhalt des Fensters etwas unterscheiden, ist aber jeweils ziemlich selbsterklärend. Entscheiden Sie auf jeden Fall, ob der Empfänger der Freigabe diese weiterleiten können soll. Falls nicht, sollten Sie sich für **Bestimmte Personen** entscheiden. Jedenfalls wird der erfolgreiche Versand der Nachricht gemeldet.

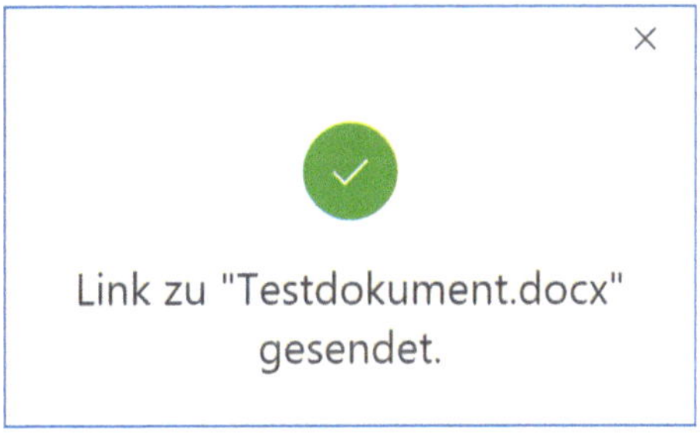

Der Empfänger kann sich jetzt per Mausklick Zugang zu dem Dokument verschaffen und seine erteilten Rechte wahrnehmen. Er kann natürlich auch die Nachricht weiterleiten. Aber für andere Nutzer wird – im gezeigten Beispielfall - das Link nicht funktionieren.

Was ist nun aber, wenn der eingeräumte Zugriff wieder entfernt werden soll? Das geht im selben Dialog über die drei Punkte oben.

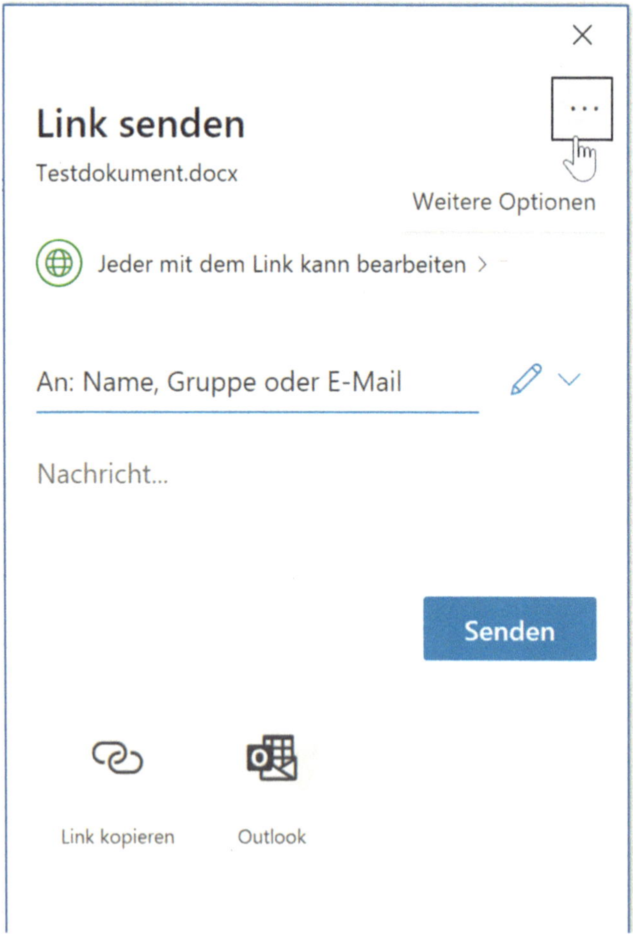

Sie führen in das Dialogfenster Zugriff verwalten, wo entsprechende Einstellungen vorgenommen werden können.

1.4 Neue und verbesserte allgemeine Funktionalitäten

Wahrscheinlich ist Ihnen das neue Suchfenster schon aufgefallen, das sich neuerdings in die Titelleiste der Office-Anwendungen einblendet.

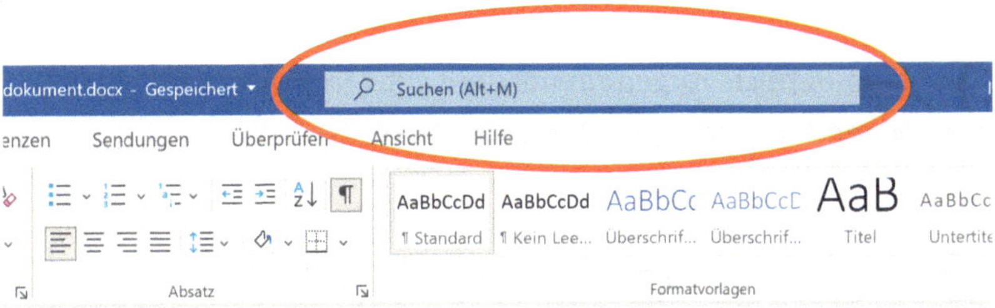

Dieses Suchfenster bietet Unterstützung zu Aktionen und aus der Hilfe an und kann auch im Dokument suchen.

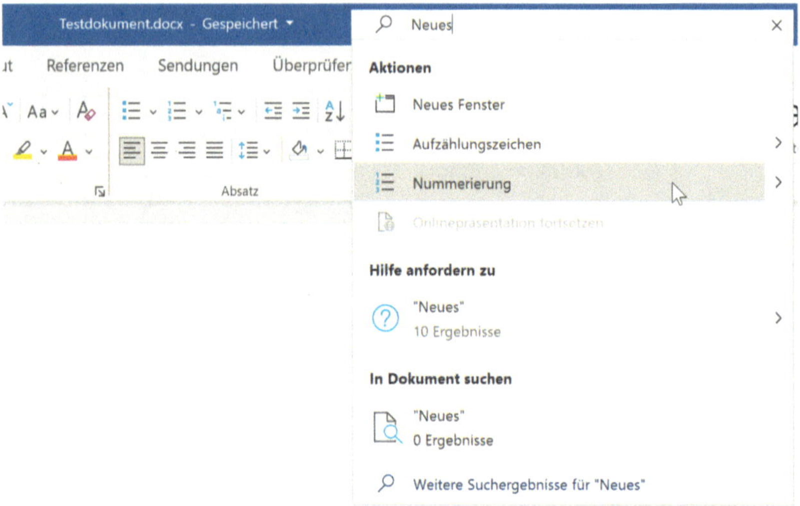

Die Vorschläge werden konkreter, je mehr ich in das Suchfeld hineinschreibe. Es wird sich sicher lohnen, hier einfach auszuprobieren, inwieweit dieses verbesserte Suchfenster bei der eigenen Arbeit helfen kann. Es kann aber auch gut sein, dass das Fenster Ihnen einfach zu viel Platz einnimmt. Dann kann man es in den **Optionen** auf ein Lupensymbol reduzieren lassen, ähnlich, wie es auch in Windows 10 aussieht bzw. aussehen kann. Die Einstellung wird im Backstage-Bereich vorgenommen und gilt dann jeweils für die verschiedenen Anwendungen des Office-Pakets.

Wollen Sie das Fenster also im Platzbedarf reduzieren, klicken Sie ***Datei / Optionen / Allgemein*** und wählen Sie **Das Microsoft-Suchfeld standardmäßig reduzieren**.

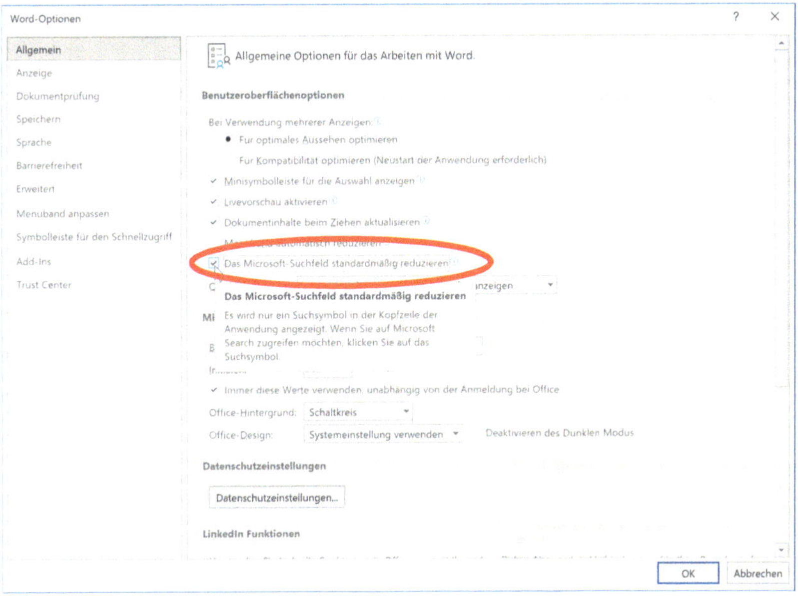

Danach bekommen Sie nur noch eine Lupe angezeigt, die Sie mit Mausklick oder **Alt + M** aktivieren können.

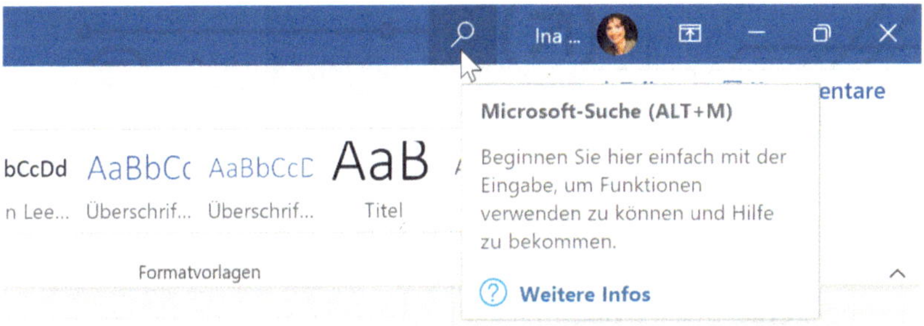

Übergreifend über das gesamte Office-Paket gibt es neben den speicherortabhängigen Funktionen noch eine andere Neuerung. So können jetzt auch Kombinationen von Formen und Bildern über die rechte Maustaste als eigene Grafiken gespeichert werden.

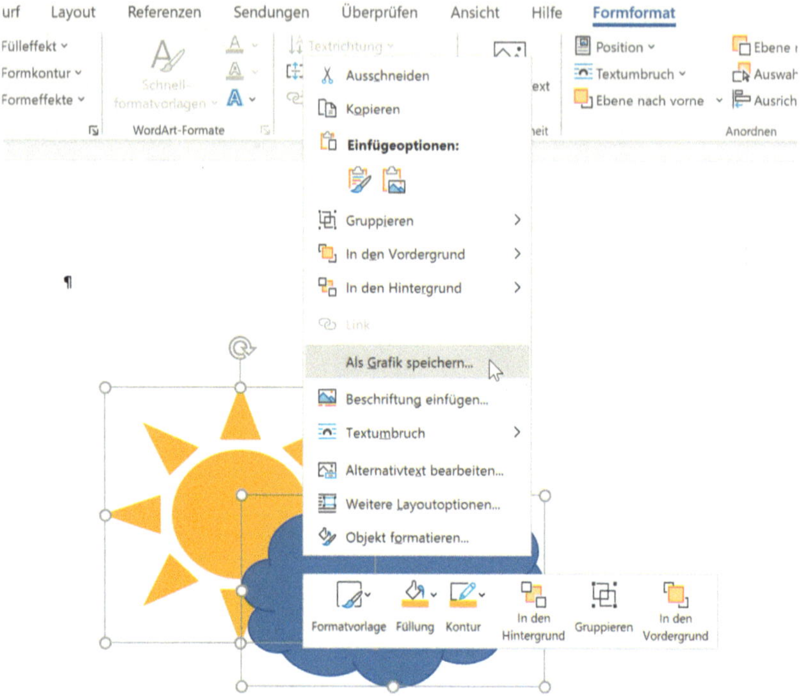

Außerdem bieten alle Farbauswahldialoge jetzt auch die Möglichkeit, Hexadezimalwerte anzugeben.

1.5 Neuzugänge in der Einfügen-Registerkarte

Die Registerkarte ist großenteils geblieben wie sie war, einige schöne Erneuerungen gibt es aber im Bereich **Illustrationen**. Hier führen jetzt mehrere Wege in eine umfangreiche und deutlich verbesserte Auswahl. Ein Weg führt über die Bilderauswahl, die zwischen Archivbildern und Onlinebildern unterscheidet. Werfen wir zunächst einen Blick auf die **Archivbilder**.

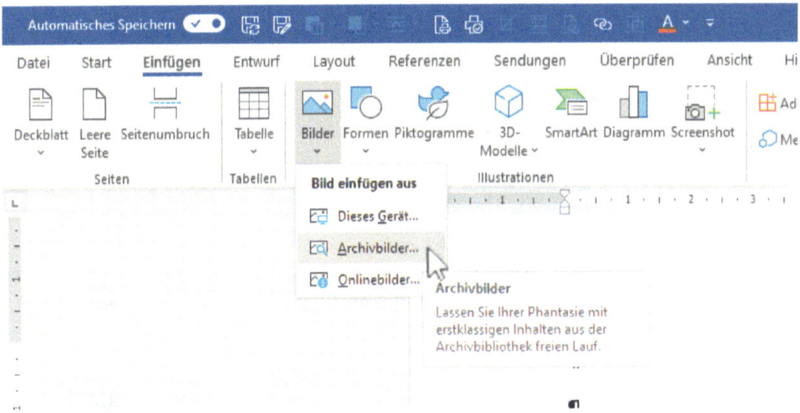

Ein Klick hierauf öffnet ein Dialogfenster mit Suchfunktion, das zunächst Bilder findet.

Daneben werden aber noch weitere Rubriken angeboten, von denen im Arbeitskontext besonders die Piktogramme außerordentlich beliebt sind. Alle können mit der Suchzeile oder mit Hilfe der Kategorien durchforstet werden. Beachten Sie, dass immer nur ein Teil der Kategorien angezeigt wird und Sie vielleicht rechts weiterscrollen sollten.

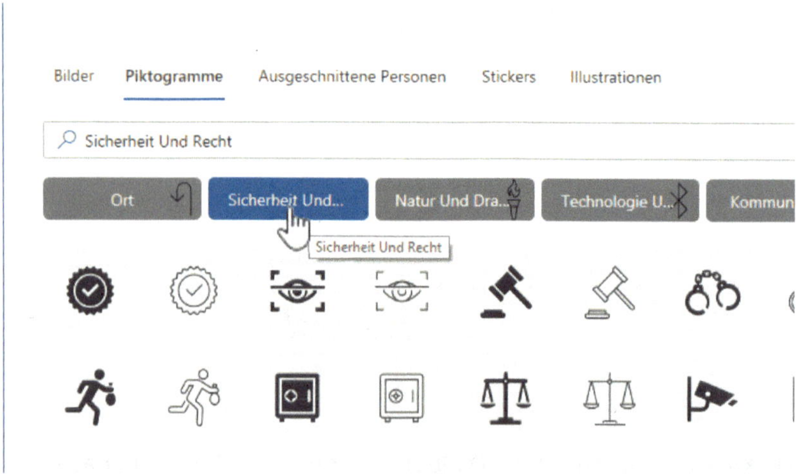

Über die bekannten Grafikfunktionen können Piktogramme formatiert werden. Sie sind in der Auswahl immer weiter ergänzt worden. Wollen Sie gleich in die Piktogramme, so finden Sie sie auch über deren eigenen Button in der Registerkarte **Einfügen**.

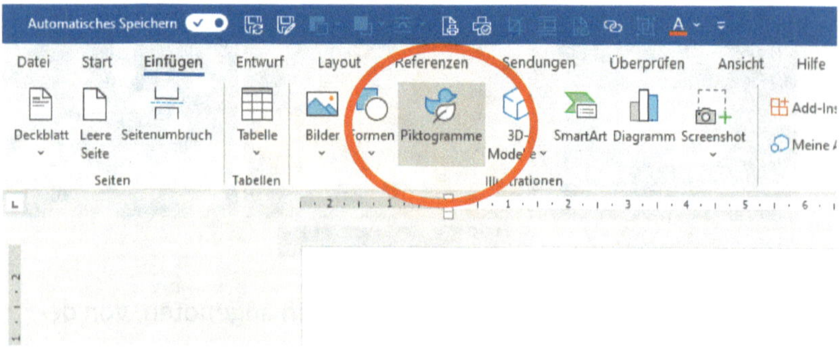

Richtig spannend ist jetzt aber eine Funktion, die momentan vielleicht weniger für das Geschäftsumfeld geeignet ist als für weniger formale Umgebungen wie Schule und Studium: die 3D-Modelle.

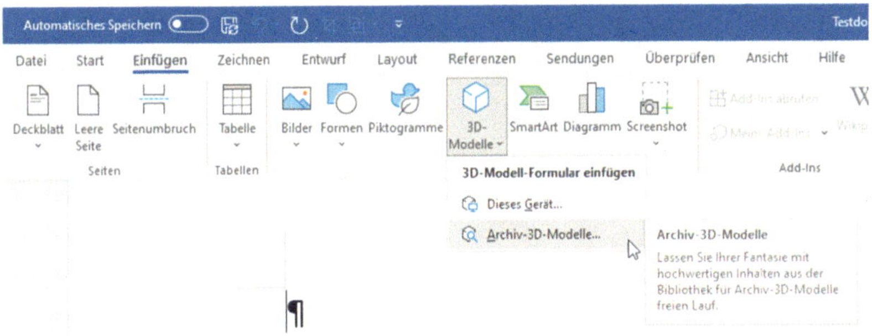

Online sind bereits zahlreiche Beispiele zum freien Download vorhanden. An ihnen lässt sich gut austesten, wie man die entsprechenden Objekte wirklich in alle gewünschten Richtungen drehen kann. Einige der Online-Modelle sind sogar bewegt.

In Standard-Installationen gibt es ca. in der Mitte noch den Bereich **Add-Ins**.

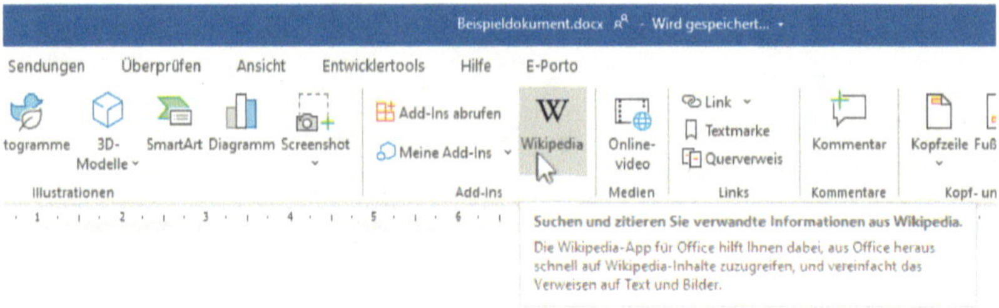

Add-Ins sind Programmschnipsel meist externer Anbieter, die den Funktionsumfang einer Anwendung erweitern. Ein Nachschlagen bei Wikipedia wird noch entspannt möglich sein, aber bei vielen anderen, die Sie aus dem Microsoft Store herunterladen können, sollten Sie sich darüber im Klaren sein, dass Sie den Datenströmen dritter und meist unbekannter Unternehmen Tür und Tor öffnen. Ob Sie das für sich privat wollen können Sie selbst entscheiden. In Unternehmen wird eine solche Installation zumindest unerwünscht sein, wahrscheinlich aber seitens der Administration komplett ausgeschlossen. Und das zu Recht. Wir gehen deshalb hier nicht näher auf diesen Abschnitt ein.

1.6 Registerkarte Zeichnen

Für die Nutzer eines Computers mit Touchscreen gibt es dann noch ein nettes Extra: die überarbeite Registerkarte **Zeichnen**.

In dieser Registerkarte kann sowohl mit dem Finger auf dem Bildschirm als auch deutlich eleganter mit geeigneten Stiften wie z.B. dem Surface Pen geschrieben oder gezeichnet werden. Hierbei gibt es die Auswahl zwischen verschiedenen virtuellen Stiften (bzw. Stifteigenschaften), wobei z.B. der einfache Stift auch mit sehr auffälligen Farben wie z.B. Goldflitter oder einem Sternenhimmel ausgestattet werden kann. Sofern frei gezeichnete Striche wieder entfernt werden sollen, hilft dazu der Radiergummi und ggf. beherztes Durchstreichen der nicht mehr erwünschten Elemente.

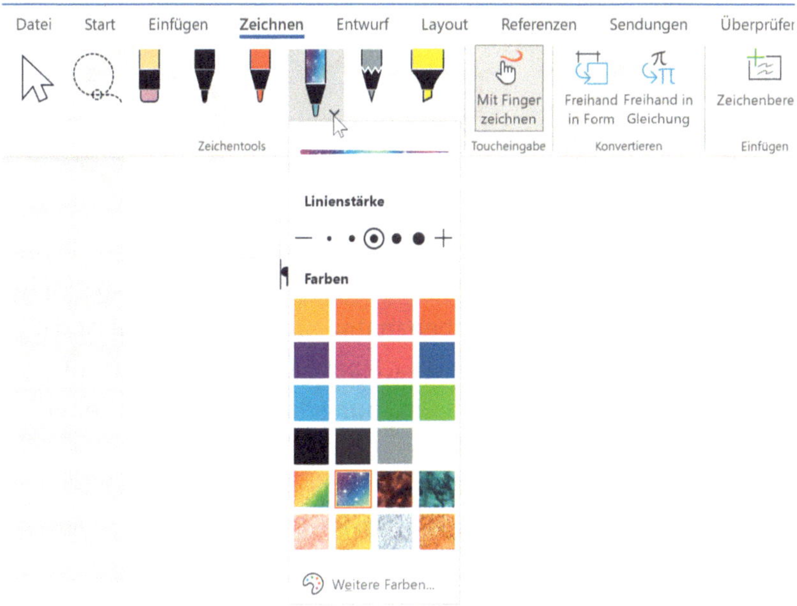

Wer viel mit Zeichenfunktionen arbeitet, wird Freude daran haben, dass man alle Stifte und den Radiergummi anpassen kann und mit dem Lasso auch verschiedene Zeichnungsobjekte gleichzeitig markieren.

Bei der Erstellung von planähnlichen Zeichnungen könnte es sehr interessant sein, die Funktion **Freihand in Form** zu aktivieren. Hierbei werden aus den mehr oder weniger ordentlichen Handskizzen geometrische Formen erkannt und mit einer Art Autokorrektur versehen, dass sie danach in der vermutlich gemeinten Form angezeigt werden.

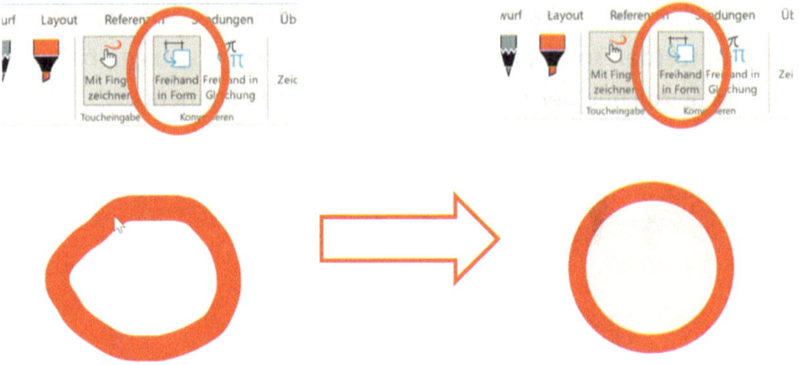

Für schulische oder wissenschaftliche Zwecke sicher deutlich praktischer als das mühselige Eintippen mathematischer Formeln ist die Möglichkeit, sie mit dem Stift einfach auf die Oberfläche zu schreiben, sie kann über **Freihand in Gleichung** dann weiterverarbeitet werden wie andere Formeln auch.

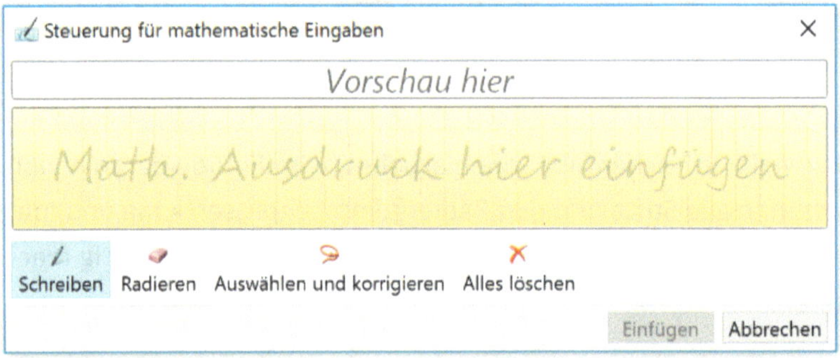

Das Fenster zeigt dann jeweils an, wie die getätigten Eingaben verstanden wurden, damit bei Bedarf auch gleich korrigiert werden kann.

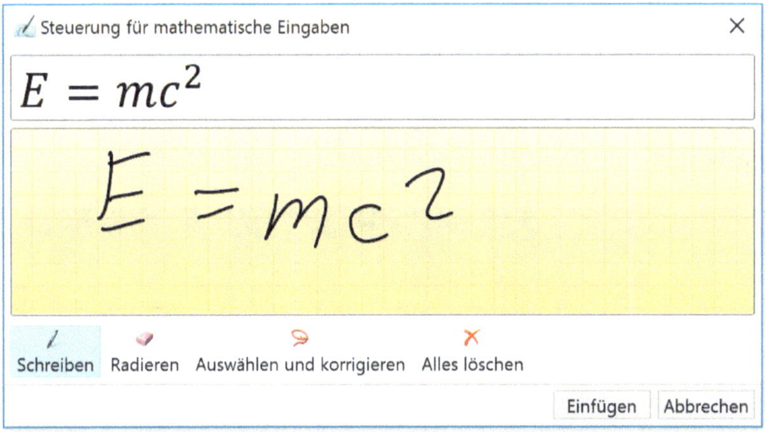

Nach Eingabe öffnet sich dann der Formeleditor zur Bearbeitung.

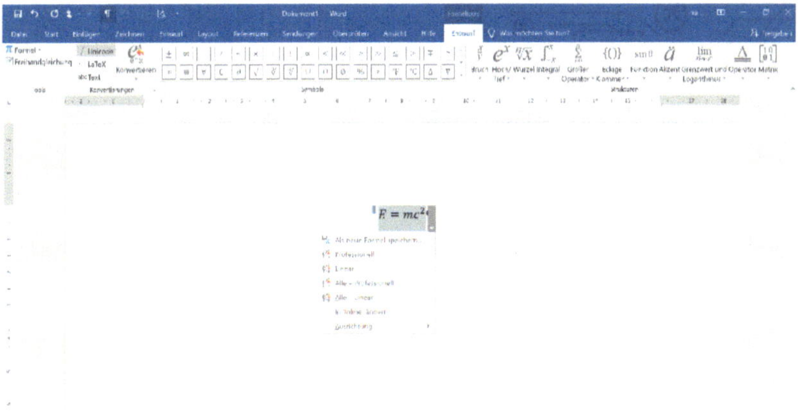

Ganz rechts in der **Zeichnen**-Registerkarte gibt es dann noch die Möglichkeit, mit Klick auf **Wiedergabe in Freihand** die Eingaben noch einmal in Reihenfolge auf den Bildschirm zu malen. Vorstellbar ist der Sinn dieser Anwendung am ehesten bei der Aufzeichnung eines Bildschirmvideos, wie es in PowerPoint angeboten wird.

1.7 Bildformat-Registerkarte

Auf den ersten Blick hat sich in der Karte nicht viel getan. Neu ist aber die Möglichkeit, die Transparenzeigenschaften von Grafiken zu bearbeiten.

Unter dem **Freistellen**-Button wurde der innere Rahmen eingespart, während die **Zuschneiden**-Funktion jetzt auch außergewöhnliche Formen erlaubt.

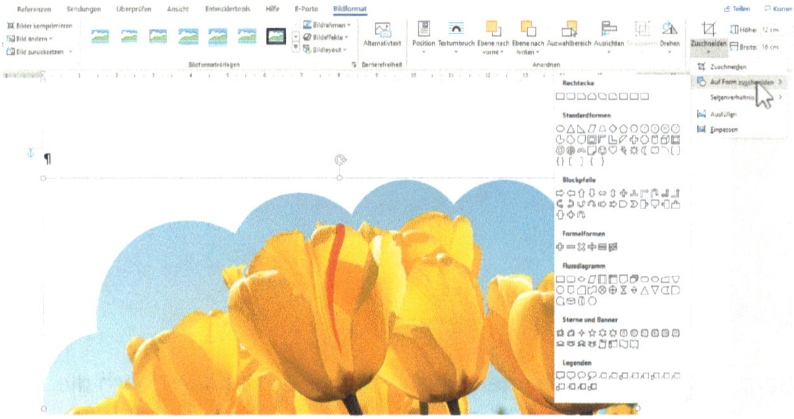

Wo der barrierefreie Zugang zu Dokumenten wichtig ist, gibt es hier jetzt auch einen vereinfachten Zugang zum Alternativtext.

1.8 Registerkarte Formformat

Formen sind ein bewährtes und bekanntes Mittel, Zusammenhänge und Abläufe zu visualisieren. Für manche Verwendungen wirken sie aber vielleicht zu steif oder altbacken. In solchen Fällen kann dann der neue Skizzenstil helfen, der die Darstellung handgezeichnet erscheinen lässt. Dazu klicken Sie eine bestehende Form an und wählen dann den Stil aus der kontextsensitiven Registerkarte **Formformat**.

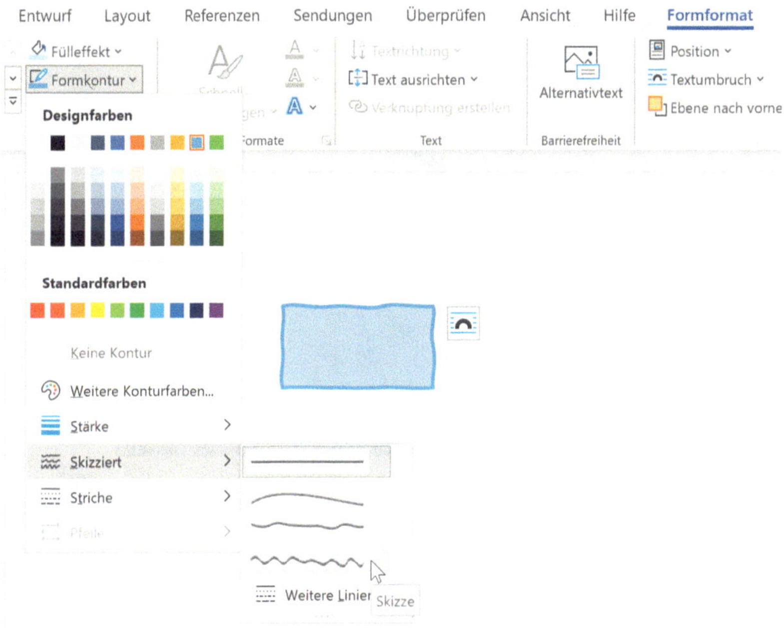

1.9 Hilfe und Unterstützung

Für diejenigen, die sich selber noch neue Erkenntnisse aneignen wollen, liefert Microsoft jetzt eine völlig überarbeitete Hilfe mit.

Nach Aufrufen des entsprechenden Menübandes und des Hilfe-Buttons ganz links werden verschiedenen Themenbereiche angeboten, die teils auch mit Videos hinterlegt sind. Hier lohnt es sicher, sich einmal umzusehen.

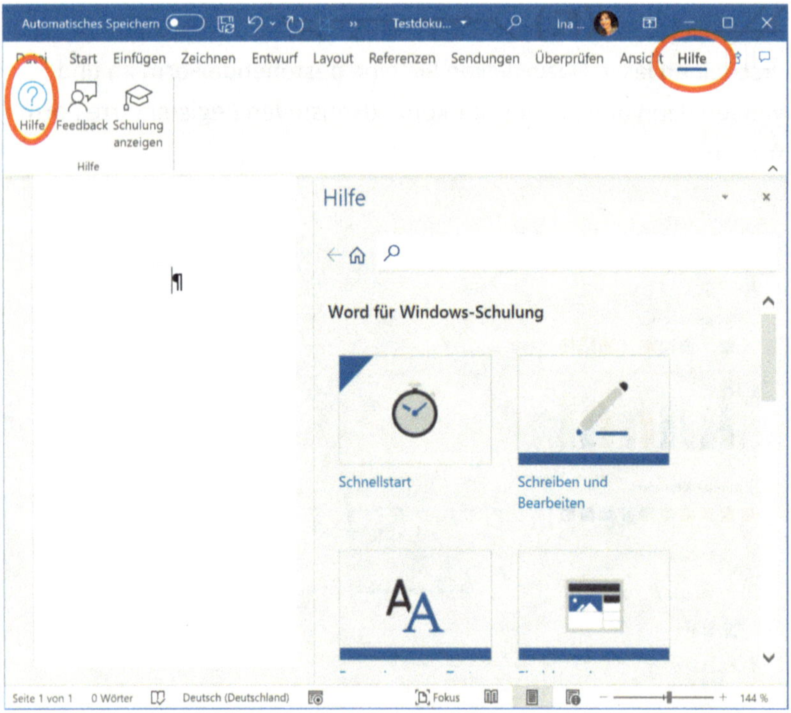

1.10 Backstage-Bereich

Der Backstage-Bereich ist der Teil der Office-Anwendungen, den man durch Klick auf **Datei** ganz links im Menüband erreicht. Große Änderungen jenseits derer, die wir bereits im Zuge anderer Funktionen besprochen haben, gibt es hier nicht. Denjenigen, die jeweils mit einem Programmstart ohne konkrete Datei arbeiten, wird aber ein überarbeiteter Startbereich angeboten.

Hier kann ich jetzt bequem vorher verwendete Word-Dateien heraussuchen lassen und bekomme auch schnellen Zugriff auf die Dokumente, die andere Nutzer geteilt mit mir geteilt haben. Dass ich eine Benachrichtigungs-E-Mail dazu geklickt habe, ist im Firmennetzwerk nicht notwendig. Die Rechte wurden mir einfach zugeteilt.

Jetzt wird auch nicht mehr die ganze Liste verschiedener von Microsoft angebotener Vorlagen für alles und jeden angeboten – jedenfalls nicht in der bisherigen Ausführlichkeit. Jetzt bekomme ich in der oberen Zeile meine angehefteten Vorlagen angeboten und darunter eine Liste der zuletzt verwendeten Dateien. Nur wenn ich noch keine Vorlagen angeheftet habe, erscheinen dort Microsoft-Vorschläge. Sofern Sie sich weiterhin dort inspirieren lassen möchten, klicken Sie ganz rechts auf **Weitere Vorlagen**, um im bereits bekannten Bereich **Neu** zu landen. Wo diese Vorlagen überhaupt nicht gebraucht werden, können sie über den Klapppfeil **Neu** ausgeblendet werden.

Neu ist eine Funktion namens **Immer schreibgeschützt öffnen**.

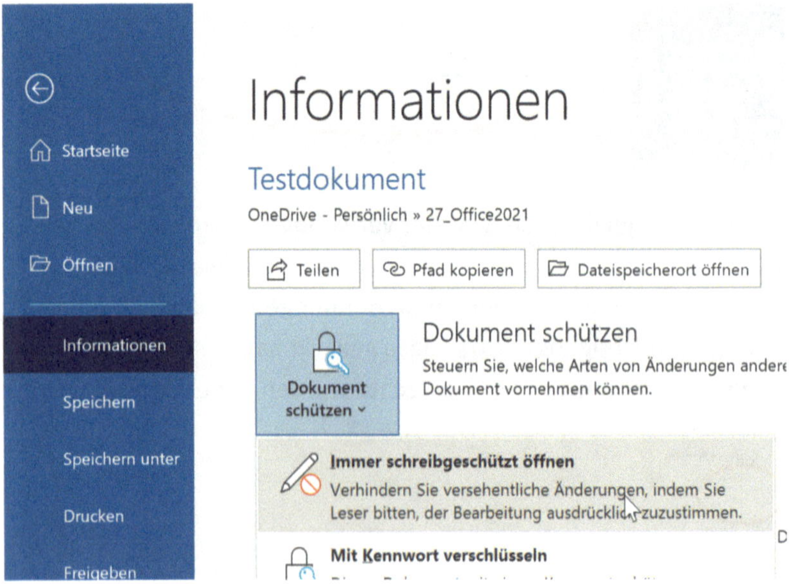

Diese Funktion erzeugt aber auch nur ein Dialogfenster ähnlich der weithin ignorierten Funktion **Als abgeschlossen kennzeichnen**.

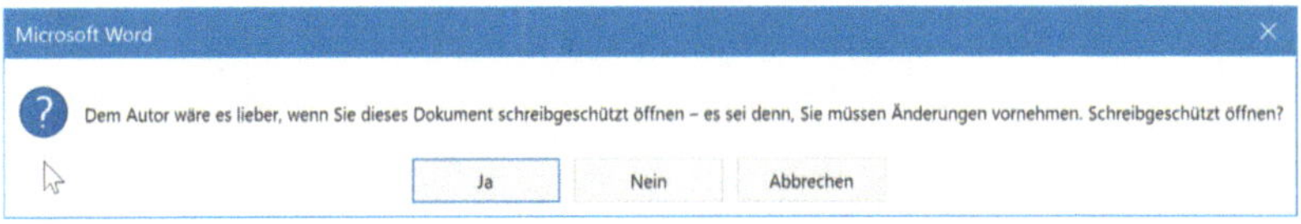

Es handelt sich hier mehr um eine soziale Unterstützung als um ein wirkliches Sicherheitsmerkmal. Dafür sind nach wie vor geeignete Speicherorte mit entsprechend verwaltetem Zugang die Methode der Wahl.

Auch der **Öffnen**-Dialog ist etwas überarbeitet worden. Hier sind die Ordner jetzt in eine andere Registerkarte verschoben worden. Ebenso kann ich gleich beim Öffnen auch suchen.

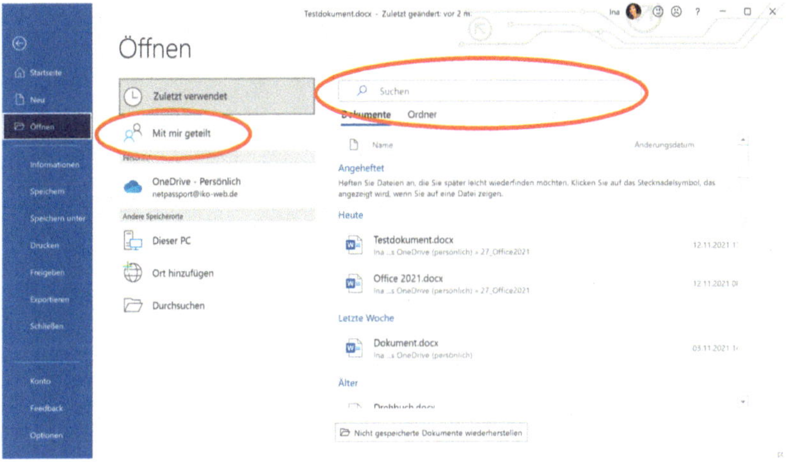

Falls andere Nutzer Dateien mit mir geteilt haben, werden mir diese auch unter der entsprechenden Schaltfläche angezeigt, auch wenn ich von der Freigabe bisher keine Kenntnis hatte.

2 Word

Speziell in Word gibt es einige interessante Neuerungen. So können Sie sich jetzt die Texte auch vorlesen lassen. Die Funktion dazu heißt **Laut vorlesen** und verbirgt sich in der wenig verwendeten Registerkarte **Überprüfen**.

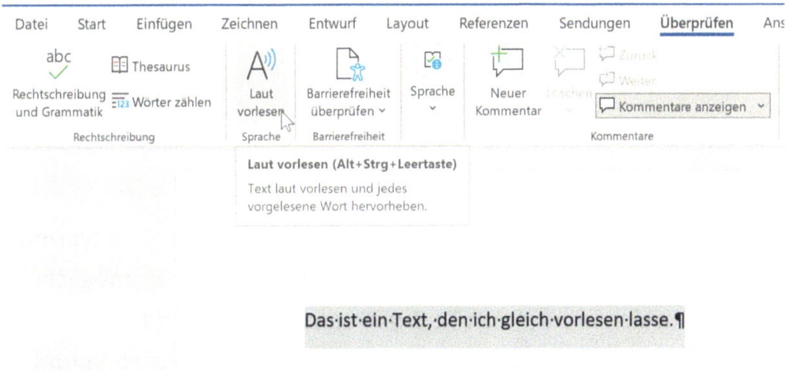

Um sich Text vorlesen zu lassen, muss dieser erst markiert werden. Sofern dann Details noch nicht passend sind, können Sie mit der unauffälligen Steuerungsleiste angepasst werden. Die zur Auswahl stehenden Stimmen sind fließend, akzentfrei und angenehm.

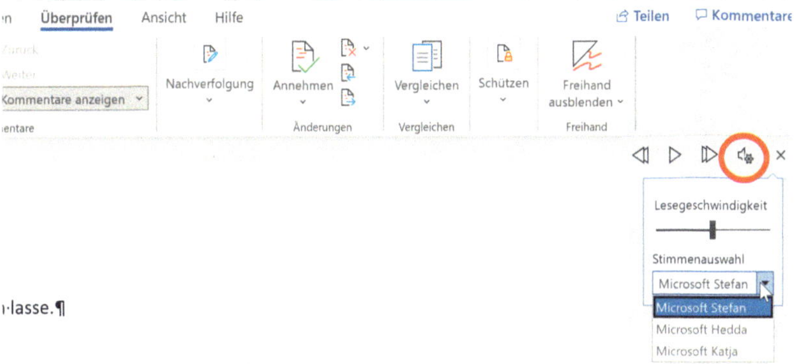

In der Registerkarte **Ansicht** gibt es noch den neuen Bereich **Plastisch** mit Werkzeugen für das Lesen am Bildschirm.

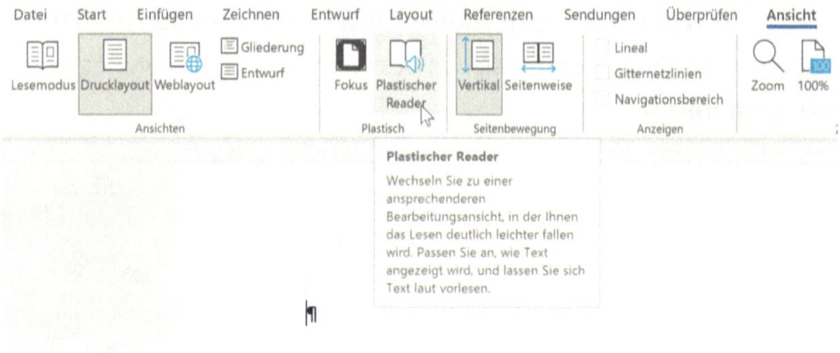

Der **Plastische Reader** ist für Leser mit eingeschränktem Sehvermögen gedacht, während der **Fokus**modus eine Einstellungsmöglichkeit ist, um sich nur auf den Text und sonst gar nichts zu konzentrieren. Alle Hintergründe werden schwarz dargestellt und selbst das Menüband verschwindet.

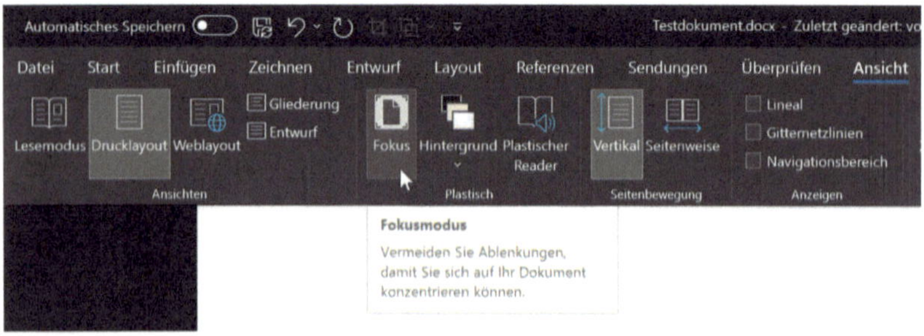

Man bekommt es zurück, wenn man die Maus an den oberen Bildschirmrand bewegt. Dort kann man den Fokus-Modus mit Klick auf die betreffende Schaltfläche auch wieder abschalten.

3 Excel

Hier haben sicher die umfangreichsten Erneuerungen stattgefunden. Zunächst einmal: Excel kann jetzt auch PDFs einlesen.

Diese Neuerung ist nicht ganz einfach zu finden – das gilt auch für viele andere. Die Excelmodernisierungen sind vielleicht am wenigsten sichtbar. In der Tat sind aber hier kleine Schätze zu finden.

Manchmal sehr angenehm sind verschiedene Detailverschönerungen. Eine davon ist die neue Möglichkeit, Teile eines markierten Bereichs wieder zu deselektieren –in Excel gab es das bisher nicht. Jetzt kann man bei bestehender Markierung eines Bereichs die **STRG**-Taste gedrückt halten und Zellen oder Bereiche wieder aus der Markierung entfernen.

Eine andere nicht gleich sichtbare Funktion ist die Eingabeunterstützung beim Schreiben von Funktionen. Bisher waren die Vorschläge rein alphabetisch aufgeführt. Man musste den exakten Namen der gewünschten Funktion kennen. Das wurde jetzt verbessert, sodass der Assistent auch diejenigen Funktionen anbietet, die vielleicht gerade im Sinnzusammenhang gesucht werden.

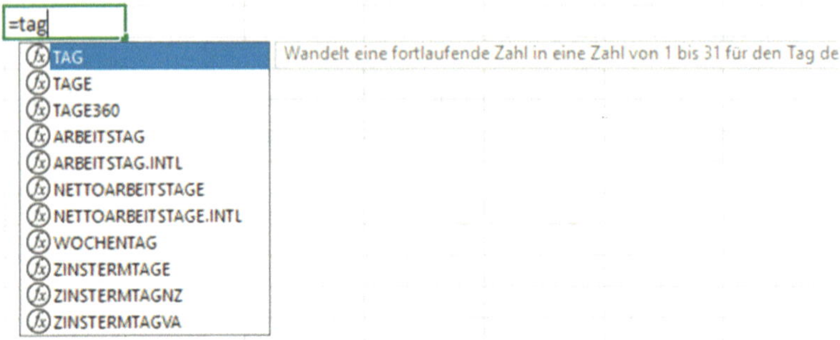

An dieser Stelle werden einem vielleicht dann auch schon die neuen Funktionen TEXTKETTE() und TEXTVERKETTEN() angeboten, die die bekannte Funktion VERKETTEN() verbessern. Wie üblich, werden im Funktionsassistenten (ganz links in der Registerkarte **Funktionen)** unter dem Link **Hilfe für diese Funktion** Erklärungen und Beispiele angeboten.

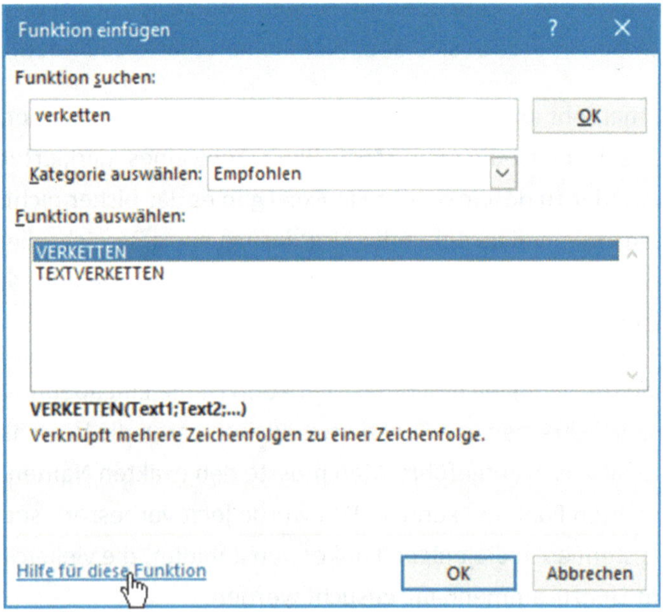

Wenn Daten gesucht werden, die bestimmten Bedingungen entsprechen, lohnt sich vielleicht auch ein Blick weitere neue Funktionen wie ERSTERWERT(), WENNS(), MAXWENNS() und MINWENNS(). Speziell ERSTERWERT() kann die Arbeit bei der Abfrage diverser Bedingungen deutlich vereinfachen und auch einen Standardwert anbieten, falls keine der Bedingungen zutrifft.

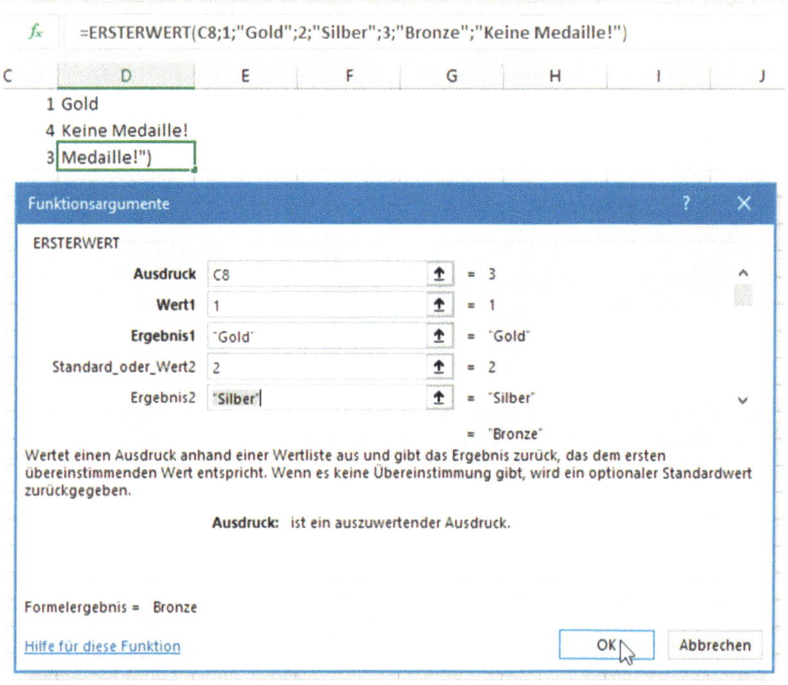

Mehrfach geschachtelte WENN() gehören damit endlich der Vergangenheit an!

Weitere Verbesserungen beziehen sich auf das Filtern und Sortieren in Excel. Grundsätzlich ist vielen Anwendern vertraut, wie sie das gewünschte Ergebnis erzielen können - wenn auch selten unter

Ausreizen aller Möglichkeiten. Es ging bisher aber nur durch Anklicken der gewünschten Möglichkeiten - ein Einbinden oder Verschachteln als Excel-Funktion war nicht möglich. Um diesen Bruch im Arbeitsablauf zu heilen, gibt es jetzt die neue Funktion **FILTER()**, die diese Nachteile ausgleicht und ein einheitlicheres Arbeiten ermöglicht. Wir finden **FILTER()** unter **Nachschlagen und Verweisen**.

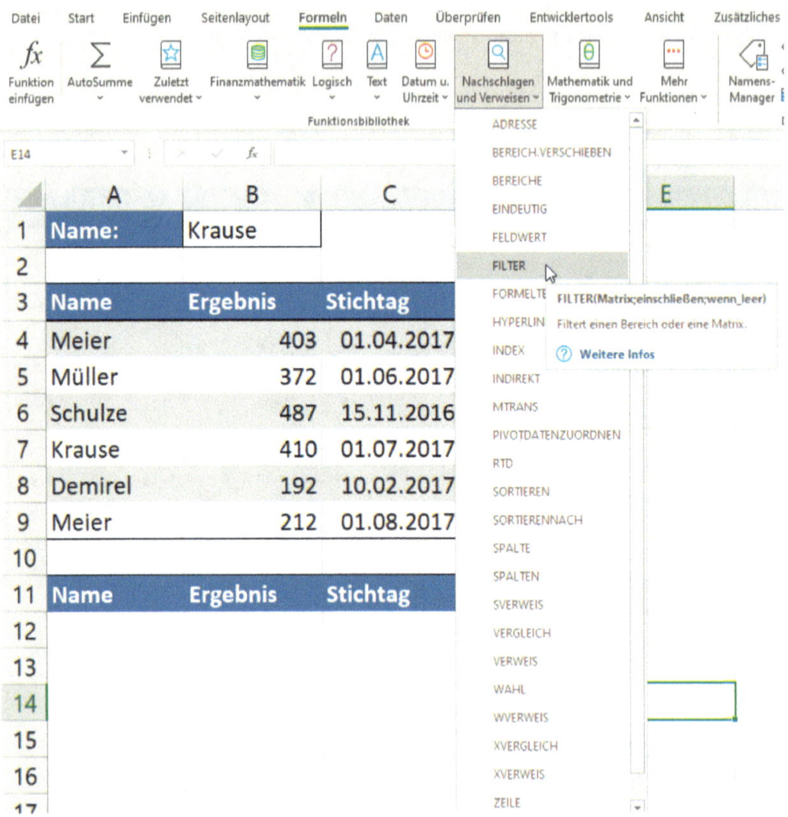

Wir wollen uns also alle Datensätze anzeigen lassen, die mit den Kriterien über der Tabelle übereinstimmen. Dazu hinterlegen wir im Funktionsassistenten zunächst den zu durchsuchenden Bereich.

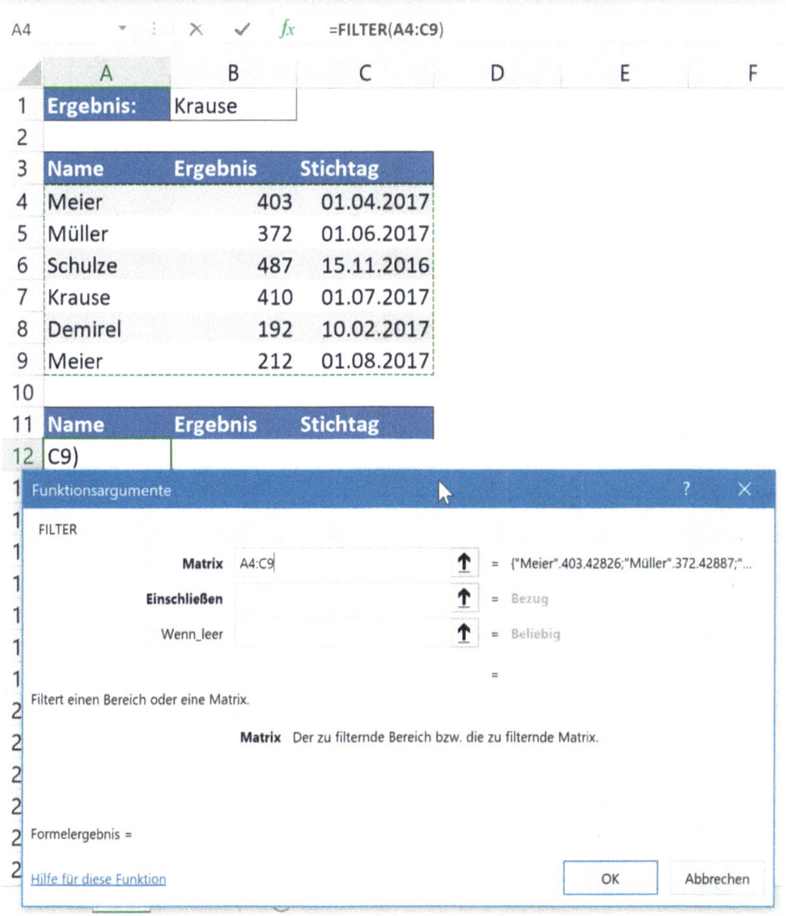

Da ich hier mit Vergleichsoperatoren suchen kann, darf ausnahmsweise der Tabellenkopf **nicht** in der Matrix enthalten sein - er könnte manchmal sonst als Ergebnis mit ausgegeben werden.

Danach müssen wir den zu durchsuchenden Bereich festlegen, ebenfalls ohne Tabellenkopf, und die zu erfüllende Bedingung.

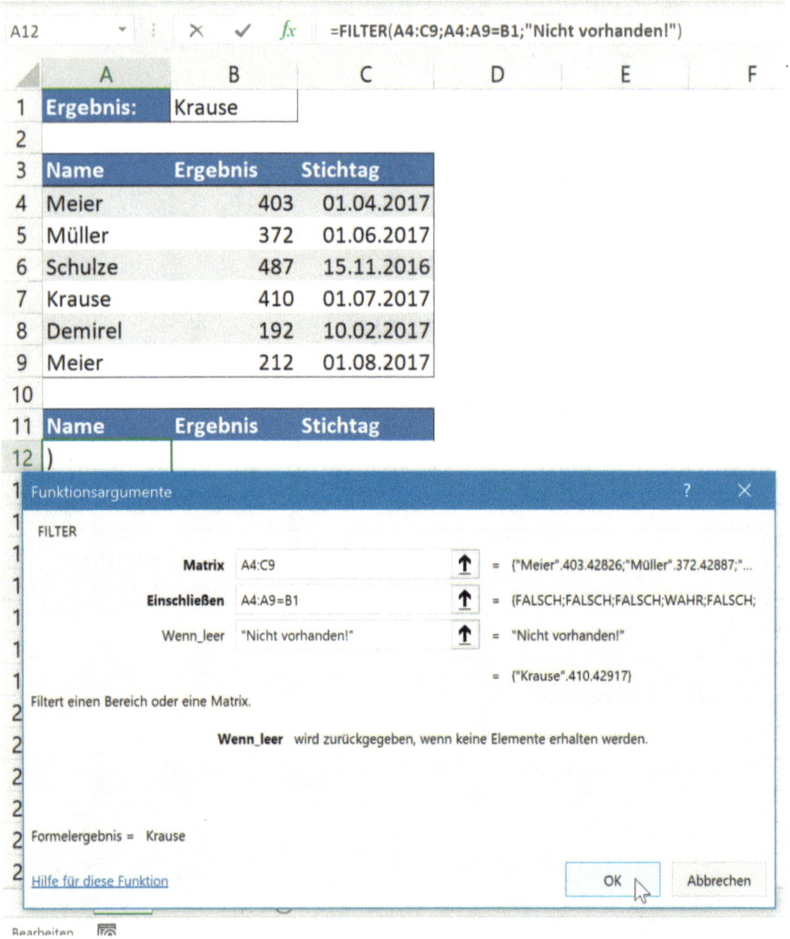

Falls der gesuchte Wert in **A4** bis **A9** nicht gefunden wird, habe ich hier festgelegt, dass das gemeldet werden soll. Die Festlegung für **Wenn_leer** kann aber auch frei bleiben, wie am Dünndruck im Formular zu erkennen ist. Jedenfalls bekomme ich das gewünschte Ergebnis. Und: Es wird der komplette Datensatz angezeigt, trotzdem die Funktion nur in einer Zelle steht!

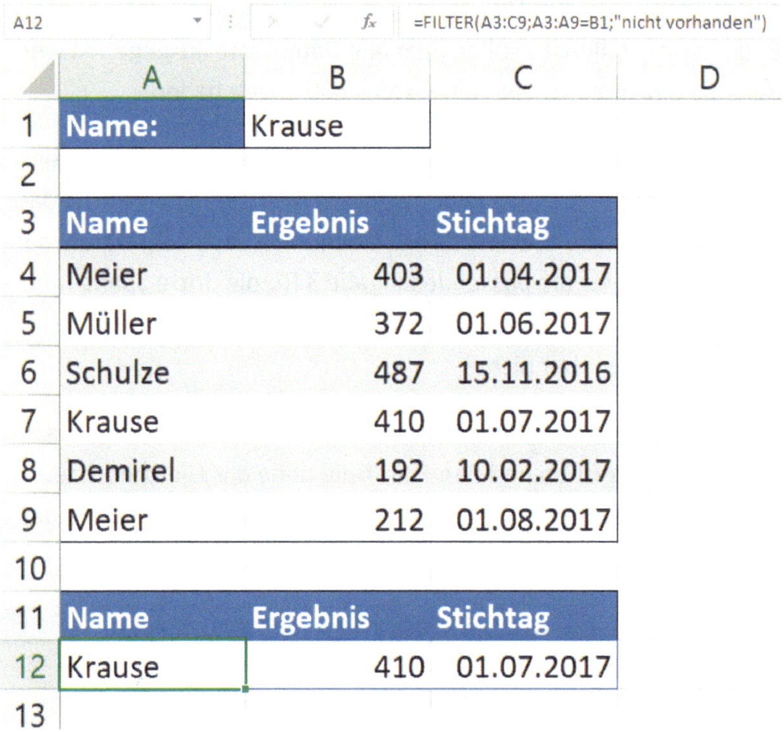

	A	B	C	D
1	Name:	Krause		
2				
3	Name	Ergebnis	Stichtag	
4	Meier	403	01.04.2017	
5	Müller	372	01.06.2017	
6	Schulze	487	15.11.2016	
7	Krause	410	01.07.2017	
8	Demirel	192	10.02.2017	
9	Meier	212	01.08.2017	
10				
11	Name	Ergebnis	Stichtag	
12	Krause	410	01.07.2017	
13				

In diesem konkreten Fall habe ich danach gefragt, ob es Datensätze gibt, die im festgelegten Bereich dem Inhalt der Zelle **B1** genau entsprechen. Ich kann aber auch die Vergleichsoperatoren **>** größer, **<** kleiner, **>=,** größer oder gleich, **<=** kleiner oder gleich und **<>** ungleich verwenden.

Da wir es jetzt mit den Eingabemasken des Funktionsassistenten zu tun haben, ist nun endlich eine Verbindung bzw. Verschachtelung beliebiger Funktionen möglich. Im Prinzip sind da der Inspiration keine Grenzen gesetzt, anbieten würde sich hier aber z.B. die ebenfalls neue Funktion **SORTIEREN()** bzw. **SORTIERENNACH()**. Ich ändere dazu auch das Filterkriterium, damit mehrere Einträge die Bedingung erfüllen. Es sollen jetzt alle Datensätze ausgegeben werden, die ein Ergebnis von mindestens 400 erzielt haben.

Die Sortierfunktion verlangt nur die Angabe eines zu sortierenden Bereichs und die Angabe, in der wievielten Spalte in der Matrix das Sortierkriterium zu finden ist. Hier möchte ich nach dem Datum sortieren, also lautet die passende Eingabe **3** für die dritte Spalte innerhalb der Matrix. Weitere Spezialwünsche kann ich mitgeben, brauche sie hier aber nicht.

Wie bei allen Schachtelfunktionen bietet es sich an, zunächst die Teilschritte zu prüfen und dann die Teile ohne das Gleichheitszeichen in die entsprechende Eingabezeile zu kopieren. Hier wäre das dann also bei der Matrix.

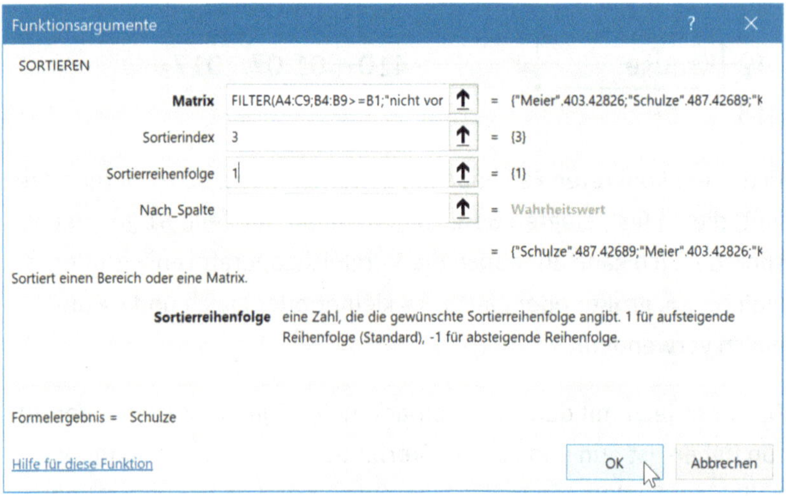

Das Filterergebnis wird mir jetzt aufsteigend nach Datum sortiert ausgegeben.

	A	B	C
1	**Ergebnis:**	400	
2			
3	**Name**	**Ergebnis**	**Stichtag**
4	Meier	403	01.04.2017
5	Müller	372	01.06.2017
6	Schulze	487	15.11.2016
7	Krause	410	01.07.2017
8	Demirel	192	10.02.2017
9	Meier	212	01.08.2017
10			
11	**Name**	**Ergebnis**	**Stichtag**
12	Schulze	487	15.11.2016
13	Meier	403	01.04.2017
14	Krause	410	01.07.2017

Sofern die Funktion **SORTIERENNACH()** verwendet wird, kann auch nach mehreren Kriterien hintereinander sortiert werden.

Das sind schon einige Vorteile gegenüber den traditionellen Filtern. Nicht verheimlicht werden sollen aber zwei Nachteile: einerseits können keine Jokerzeichen wie ***** und **?** verwendet werden. Und andererseits diese neuen Funktionen nur in Excel 2021 und 365 verstanden.

Der Star der neuen Funktionen ist aber sicher **XVERWEIS()**. Hiermit kann endlich der alte fehleranfällige SVerweis abgelöst werden - und das noch sehr komfortabel! Als Beispiel soll hier eine kleine Tabelle dienen. Mit **XVERWEIS()** kann ich einfach in alle Richtungen suchen und mich dabei auf komfortable Standardeinstellungen stützen, die sogar noch eine Fehlerroutine anbieten.

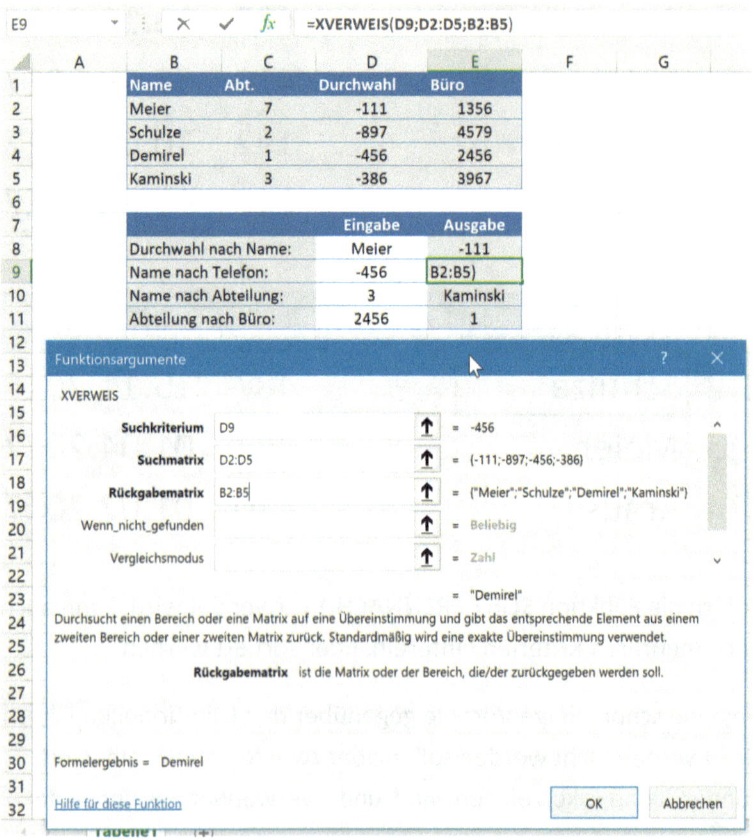

Weitere neue Funktionen finden sich unter **Nachschlagen und Verweisen** in der Registerkarte **Formeln:** EINDEUTIG(), FILTER(), SORTIEREN(), SORTIERENNACH(). In der Aufzählung aller Funktionen im Funktionsassistenten finden sich neu noch SEQUENZ, XVERGLEICH und ZUFALLSMATRIX. Für die sämtliche neuen Funktionen steht deren mitgelieferte Hilfe wie gezeigt zur Verfügung.

Noch immer ist es ein beliebter Fehler wenig geübter Excel-Nutzer, die Funktionsnamen wegzulassen und nur einen Bereich einzugeben. Das hat bisher immer zu einer Fehlermeldung geführt. Jetzt ist das nicht mehr der Fall, jetzt interpretiert Excel so eine Bereichsangabe einfach als Array und verknüpft die Inhalte – wenn auch ohne Formatierung.

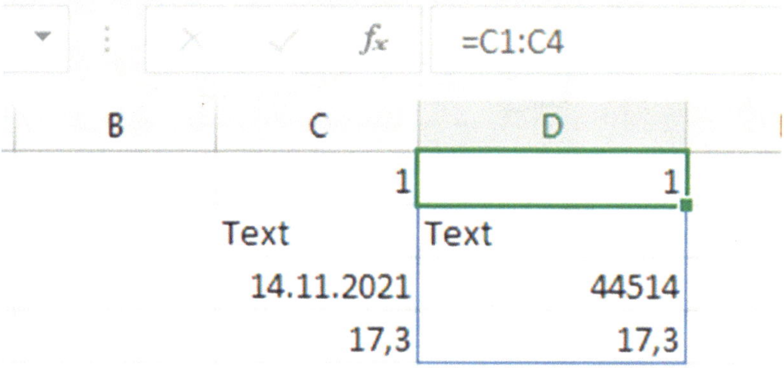

Geübtere Nutzer mag dieses Verhalten zunächst verwirren. Es bietet aber einen Nutzen, der sich erst mit der Zeit und beim Arbeiten mit Matrixformeln erschließt: da Excel nun die Arrays selber erkennt, entfallen manche logischen Fußangeln bei der Formeleingabe und vor allem der Abschluss von Arrayformeln mit **Shift + Strg + Enter**. Ein einfaches **Enter** reicht ab sofort.

Hier werden in Zukunft sicher einige Verwirrungen zu beseitigen sein – trotzdem die Funktion als solche sehr bequem ist und bei fortgeschrittenen Nutzern großen Anklang finden wird.

Andere neue Features stehen für die Pivottabellen zur Verfügung. Wer sich von der automatischen Gruppierung der Datumsangaben in Pivottabellen genervt fühlt, kann das unter ***Datei / Optionen / Daten / Standardlayout*** jetzt dauerhaft abschalten. Viele Anwender möchten ebenso das Standardlayout der Pivottabelle an ihre Wünsche anpassen. Auch diese Möglichkeit findet man hier.

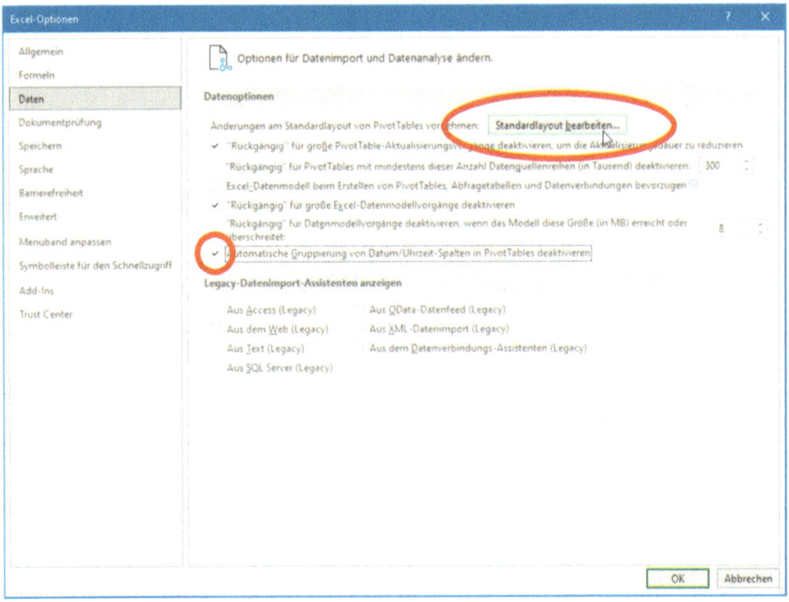

Im nächsten Fenster kann man sich seine Lieblingseinstellungen über die Dropdown-Felder aussuchen. Noch besser ist aber, dass man sich die Einstellungen auch einfach per Mausklick importieren kann. Ein Klick irgendwo in die Pivottabelle und dann auf **Import** und die hier festlegbaren Möglichkeiten sind übernommen.

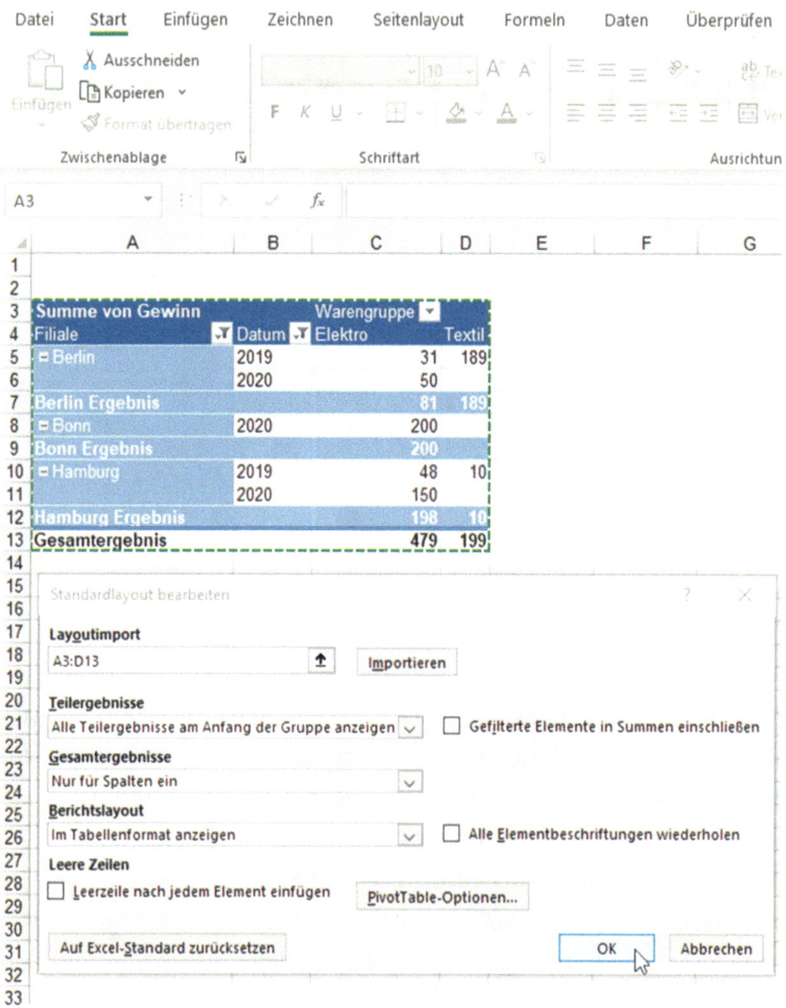

Jenseits des Gezeigten liegen die besten Verbesserungen in der Datenvisualisierung. Die erste neue Möglichkeit ist eher schlicht, nämlich ein neuer Diagrammtyp, das **Trichterdiagramm**. Dieses Diagramm ist geeignet, sich zuspitzende bzw. aufbauende Daten zu visualisieren.

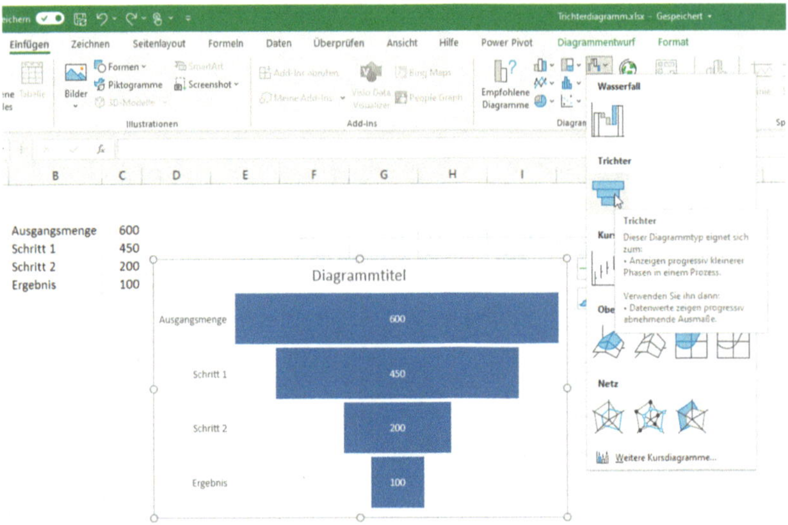

Wirklich neu sind die Kartendiagramme, die eine einfache Möglichkeit bieten, Werte geografisch darzustellen. Aber das Werkzeug ist nicht ganz ausgereift und eignet sich deshalb nur für bestimmte Szenarien. Z.B. werden Städtebezeichnungen nicht visualisiert, Excel erwartet Länder, Regionen, Bundesländer oder Postleitzahlen. Manchmal hilft auch ein Umsortieren der Struktur von großen Einheiten zu kleineren, damit der Inhalt erkannt wird. In jedem Fall ist eine Internetverbindung nötig, da die jeweiligen Daten live über den Bing-Kartendienst bezogen werden.

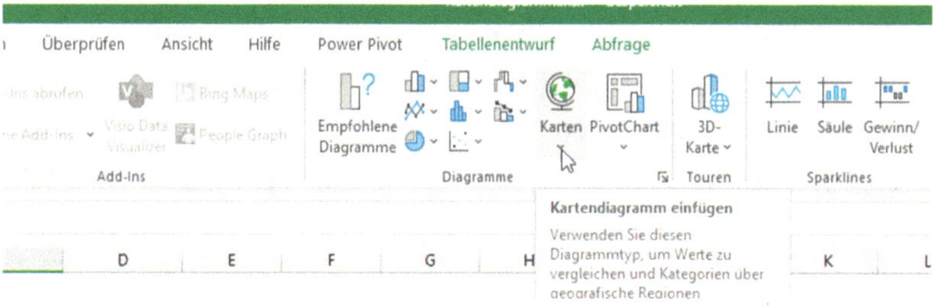

Als Ergebnis werden Ihnen erkannte Daten schon auf der Karte angeboten.

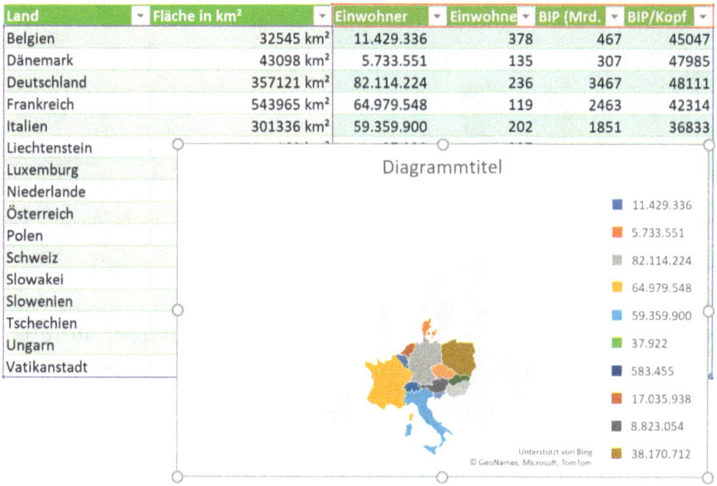

Im Beispiel wird also die erste Wertereihe farblich gegeneinander abgesetzt. Will man andere Zahlen zeigen, so hilft am schnellsten, diese Reihe an die erste Stelle zu setzen. Weitere Anpassungen sind möglich, aber etwas hakelig. Möchte man z.B. den angezeigten Bereich optimieren, muss man in den Diagramm-Arbeitsbereich, z.B. durch Rechtsklick auf einen Datenpunkt und die Auswahl von **Datenreihen formatieren**. Daraufhin öffnet sich rechts der zugehörige

Arbeitsbereich, in dem weitere Anpassungen vorgenommen werden können. Naheliegend ist hier z.B. ein anderer Kartenausschnitt oder Beschriftungen. Auch einen andere Datenauswahl (im Beispiel etwa das BIP) wird angeboten. Das Umsortieren der Spalten bzw. Markieren nicht zusammenhängender Spalten mit der **STRG**-Taste funktioniert aber deutlich besser.

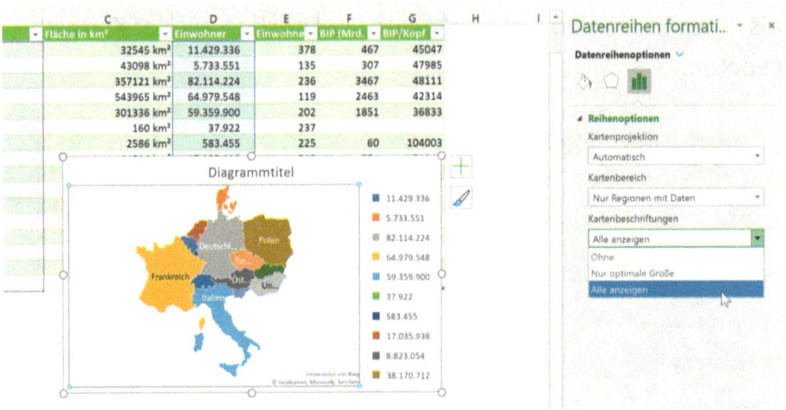

Vielleicht passen diese Darstellungen für Sie. Wenn aber umfangreichere Visualisierungsmöglichkeiten gewünscht sind, wählen Sie die jetzt **3D-Karte** genannten vormaligen Maps. Sie haben sich seit ein paar Versionen nicht geändert und werden deshalb nicht hier, sondern in meinem Heft „Excel auf der Landkarte" besprochen.

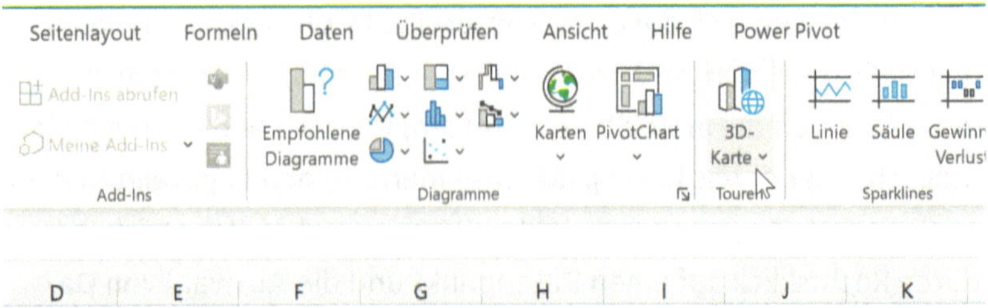

4 PowerPoint

In PowerPoint finden sich ganz verschiedene Neuerungen, einige sehr interessante auch für die Nutzer von Touchscreens.

Beginnen wir wieder mit den Möglichkeiten, die auf jeder Hardware zur Verfügung stehen.

Vom Ansatz her neu und ungewohnt, in der Praxis aber sicher zu bedenken wäre das Folienzoom. Hierbei wird eine Art optischer Inhaltsverzeichnisfolie erstellt. Dazu erstellen Sie zunächst alle Inhaltsfolien, die Sie darstellen wollen. Wählen Sie dann aus der Registerkarte **Einfügen** das **Zusammenfassungszoom**.

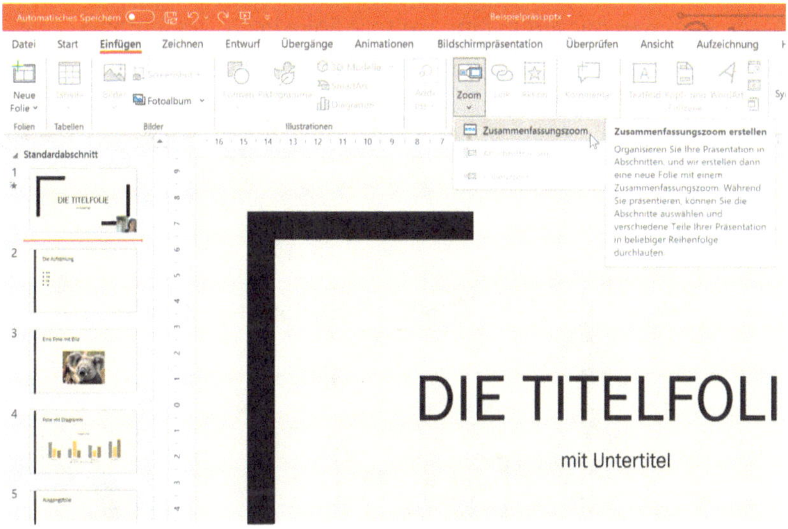

Daraufhin erhalten Sie ein Auswahlfenster, in dem Sie die gewünschten Folien anklicken können. Bestätigen Sie mit **Einfügen**.

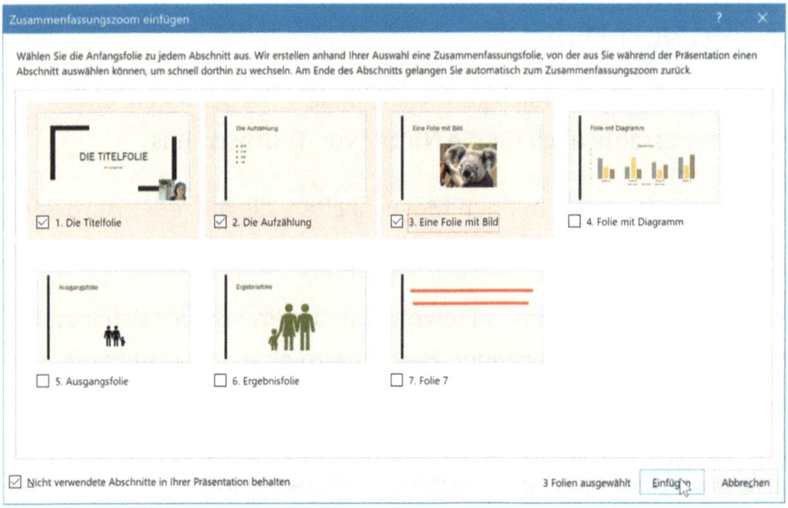

Sie bekommen daraufhin eine weitere Folie in die Präsentation eingefügt, die zunächst die anderen Folien als Grafiken enthält.

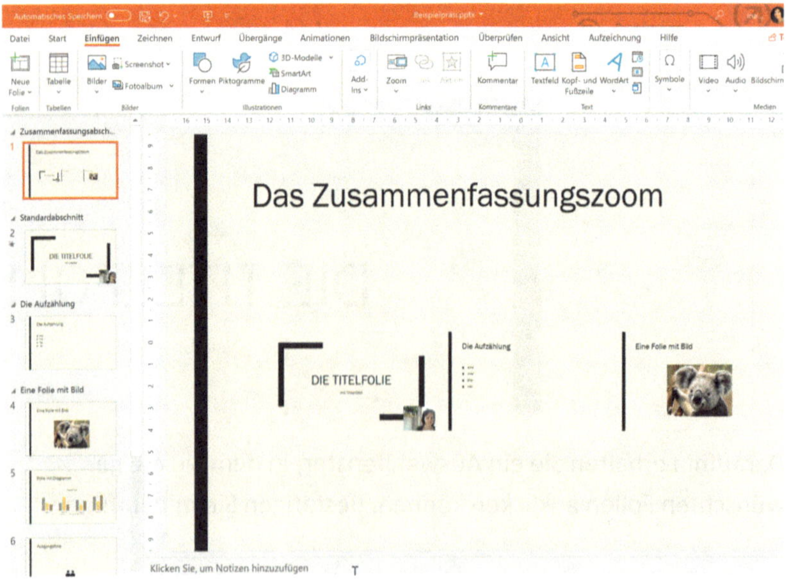

Außerdem wurden in die Präsentation Abschnitte eingefügt, die es zwar schon länger gibt, die bisher aber eher bei der Erstellung zur Gliederung von Präsentationen verwendet wurden. Sie können jetzt auch bei der Präsentation praktisch verwendet werden.

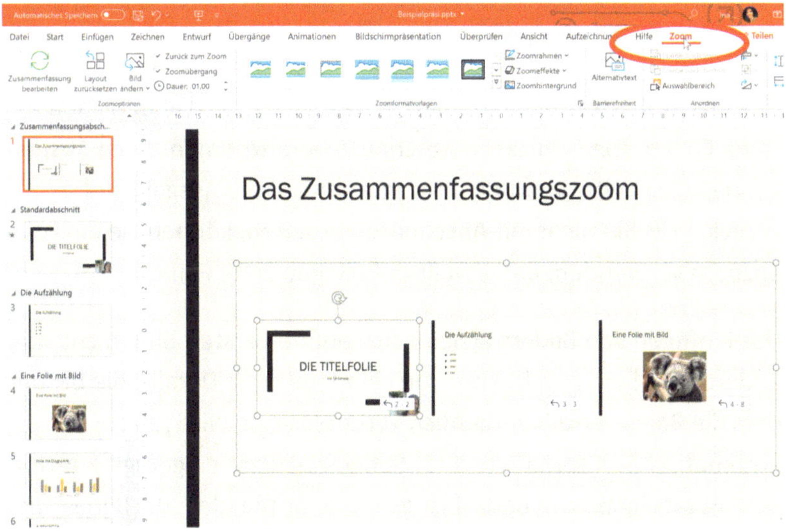

Nach Klick auf das Zoomelement oder eine seiner Foliendarstellungen wird die kontextsensitive Registerkarte **Zoomtools** angezeigt, in der Sie bei Bedarf noch Anpassungen vornehmen können. Beachten Sie im Zusammenfassungszoom auch die Anzeige der Foliennummern, die der entsprechende neue Abschnitt umfasst.

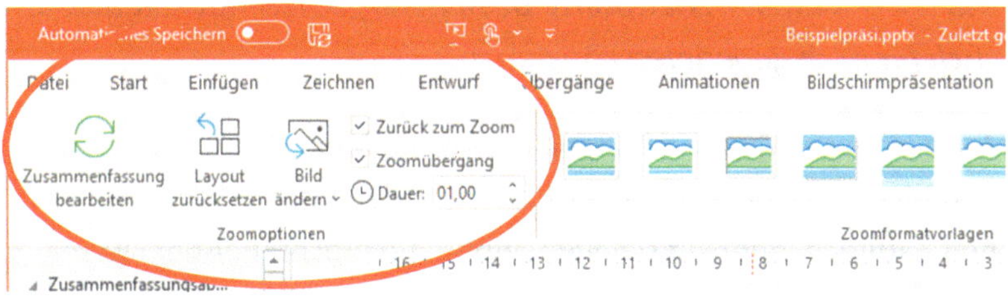

Wollen Sie dann aber sehen wie die Sache eigentlich funktioniert, gehen Sie in die Bildschirmpräsentationsansicht und klicken Sie auf die verschiedenen eingebundenen Folien. Der Effekt ist eindrucksvoll. Eventuell sollten Sie den äußeren Rahmen des Elements anpassen, damit nur die gewünschte Grafik auf Mausklicke reagiert, nicht versehentlich eine größere Fläche.

Das **Abschnittszoom** funktioniert ganz ähnlich, wird aber nicht einzelne Folien, sondern ganze Abschnitte heranzoomen. Nach Abspielen des Abschnitts kehrt die Präsentation auf die Ausgangsfolie zurück. Falls Sie nicht mit Abschnitten arbeiten, können Sie ein Folienzoom verwenden, das jeweils auf die gewählte Folie springt.

Das Einfügen von Bildern scheint sich auf den ersten Blick nicht verändert zu haben, es gibt aber verschiedene neue Details, die besonders die Barrierefreiheit deutlich verbessern. So wird jetzt ein automatischer Alternativtext für Sehgeschädigte eingefügt. Für Nutzer mit tatsächlichem Bedarf ist es sicher prima Idee, die Bilder mit Erklärungen zu versehen. In der Tat werden die meisten Präsentationen aber vor sehendem Publikum am Beamer gehalten. Deshalb ist es gut, dass dieser Text bald wieder ausgeblendet wird und dann nur noch sichtbar, wenn man in der Registerkarte **Bildformat** den Alternativtext anzeigen lässt. Man kann ihn dort auch korrigieren, falls nötig. Benötigt man diese Funktion nicht, so kann man sie unter ***Datei / Optionen / Erleichterte Bedienung / Alternativtext automatisch für mich generieren*** abschalten.

Auch in diesen Zusammenhang gehört die Möglichkeit, die Lesereihenfolge von Elementen in PowerPoint anzupassen. Sehende können natürlich jederzeit schauen, wohin sie möchten. Aber Nutzer mit eingeschränktem Sehvermögen müssen hierzu auf Screenreader zurückgreifen, deren Lesereihenfolge ansonsten womöglich sinnentstellend wirkt. In der Registerkarte **Überprüfen** ist jetzt die entsprechende Möglichkeit zur Anpassung vorgesehen.

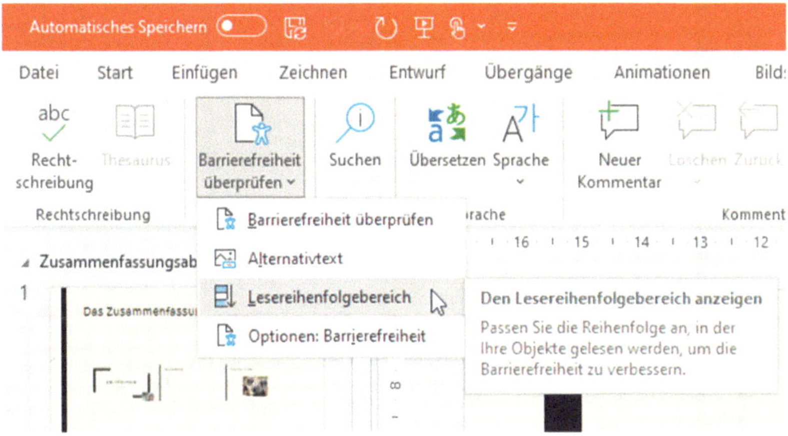

Vertraut sieht zunächst auch die Registerkarte **Übergänge** aus. Hier verbirgt sich jedoch eine Neuigkeit, die dem Zoom verwandt ist: das **Morphen**. Das Morphen ermöglicht weiche Übergänge zwischen der Darstellung derselben Objekte auf verschiedenen Folien. Wichtig ist hierbei, dass es jeweils wirklich dieselben Objekte bleiben, nicht etwa ein gleich aussehendes neu eingefügt wird. Dazu wird eine Folie kopiert und nach der vorigen eingefügt, z.B. über **STRG + C** und **STRG + V**. Auf der kopierten Folie können dann Veränderungen vorgenommen werden wie z.B. Größen-, Farb- und Textänderungen oder andere Positionen.

Sehen wir uns das an einem Beispiel mit einem der neuen Piktogramme an. Es wurde in die Ausgangsfolie eingefügt und dann mit dieser Folie zusammen kopiert.

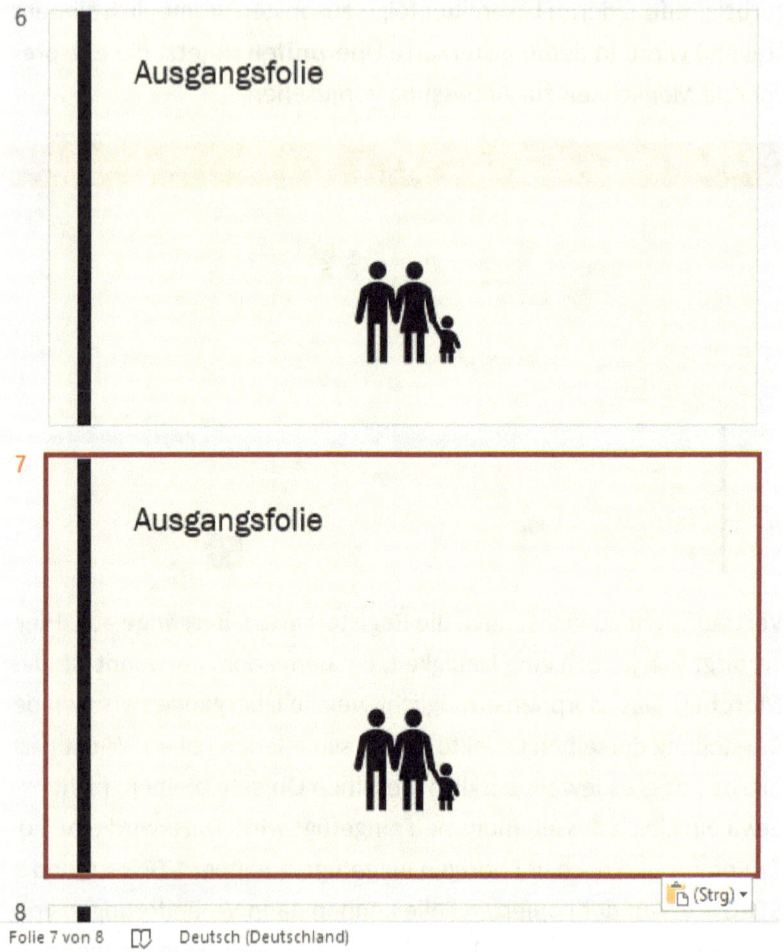

An der Kopie des Objekts werden jetzt Änderungen beliebiger Art vorgenommen: hier wurde der Text des Titelplatzhalters geändert sowie Größe und Farbe des Piktogramms. Das Piktogramm wird auch noch gewendet und mit einem Leuchteffekt versehen.

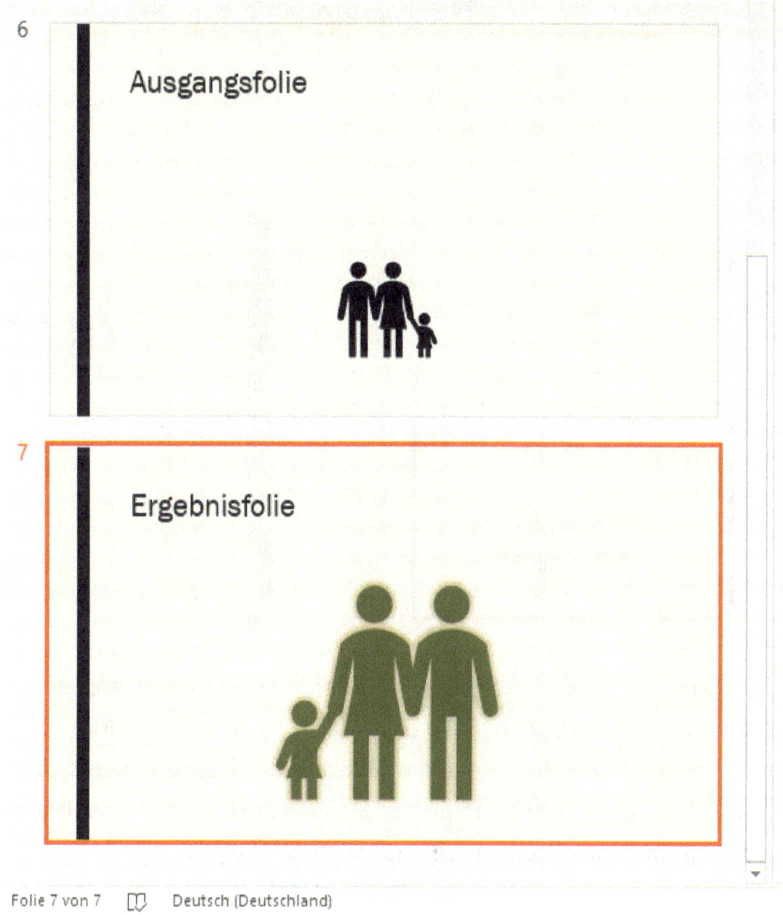

Für die Ergebnisfolie und ggf. auch weitere Kopien mit weiteren Änderungen wähle ich jetzt in der Registerkarte **Übergänge** das **Morphen** aus.

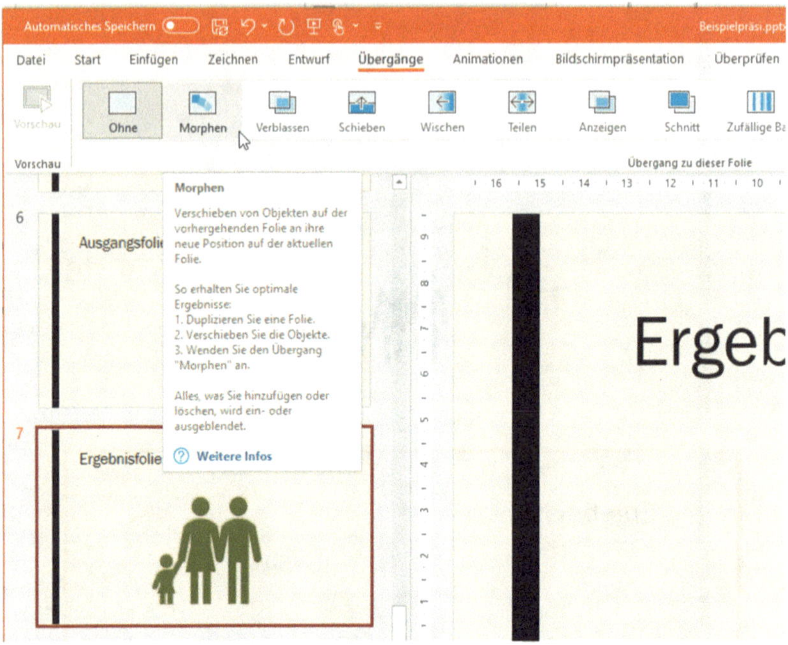

Übergänge werden immer beim Start der jeweiligen Folie angezeigt. Gehen Sie deshalb auf die Folie davor (also die, die Sie anfangs kopiert haben), und gehen Sie in die **Bildschirmpräsentationsansicht**. Klicken Sie irgendwohin und prüfen Sie, wie die neue Folie sanft eingeblendet und das Objekt verändert wird. Wollen Sie jetzt noch etwas verändern, können Sie das über die Effektoptionen tun. Hier lässt sich auch auswählen, ob und wie die Morph-Effekte auch auf Texte angewendet werden sollen.

An dieser Stelle lohnt es vielleicht anzumerken, dass mit Hilfe animierter Elemente und Übergänge jetzt auch animierte *.gif's aus einer Präsentation erzeugt werden können. Die Funktion dazu findet sich unter ***Datei / Exportieren***.

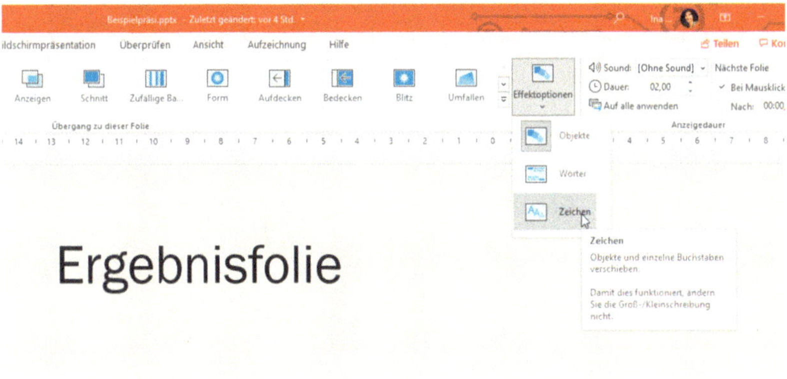

Anschließend gibt es nach dem großen Erfolg der Bildschirmvideoaufzeichnungen für PowerPoint noch eine weitere Verschönerung in dieser Richtung: Aufzeichnungen der ganzen Präsentation. Hierbei wird intern nicht einfach ein langer Film Ihrer Präsentation erstellt, sondern Ihre Kommentare und Aktionen einzelnen Folien zugeordnet. Auf diese Art können Sie die Präsentation später noch umsortieren, ohne deshalb gleich alles neu machen zu müssen. Das heißt aber auch, dass während der Folienübergänge nichts aufgezeichnet wird und es generell eine gute Idee wäre, am Anfang und Ende jeder Folie einen Moment Ruhe mit einzuschließen. Sofern abzusehen ist, dass sich manche Nutzer die Präsentation in PowerPoint online ansehen, sollten Sie sich vergewissern, ob Ihre ggf. verwendeten Folienübergänge dort unterstützt werden.

Wenn Sie jetzt also eine Präsentation aufzeichnen möchten, sind natürlich Mikrofon und ggf. Webcam zu empfehlen, wenn auch nicht notwendig. Die Aufzeichnungsfunktion selbst finden Sie in der Registerkarte **Bildschirmpräsentation**.

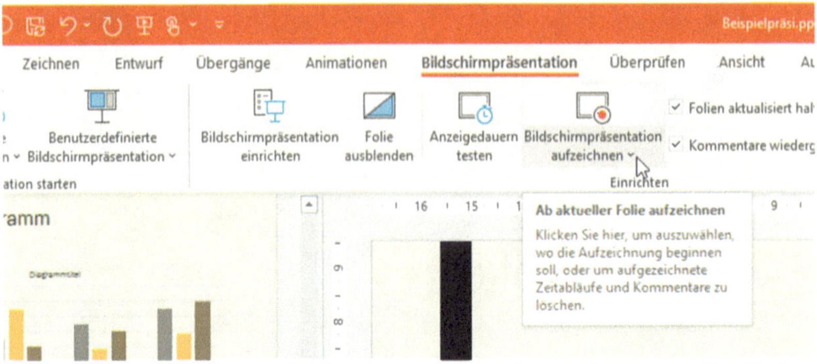

In der sich daraufhin öffnenden Aufzeichnungsansicht können Sie Ihre Kommentare und ggf. Freihandeingaben dann wahlweise Folie für Folie oder von Anfang an aufzeichnen.

Auf diesem Bildschirm finden Sie alle Bedienungselemente und Einstellungsmöglichkeiten. Unten die farbige Auswahlliste ist praktisch, wenn Sie während der Präsentation Freihandeingaben machen möchten. Zwei Stifte, ein Radiergummi und 12 Farben stehen zur

Auswahl. Rechts unten finden Sie ggf. das Bild, das Ihre Webcam gerade aufzeichnet. Mit Klick auf die Symbole darunter können Sie die Geräte ausschalten oder auch nur Ihr Bild für den Moment ausblenden. Am oberen Rand gibt es zunächst die drei Symbole zu Starten einer Aufzeichnung sowie ihrem Stoppen und Abspielen.

Sehr praktisch ist in der Mitte die Möglichkeit, Ihre Präsentationsnotizen während der Aufzeichnung einzublenden. Sie werden dabei nicht in die Aufzeichnung eingeschlossen! Die beiden Symbole rechts löschen die Aufzeichnung und erlauben ggf. Einstellungen zu Mikrofon und Webcam. Mit den beiden Pfeilen links und rechts können Sie sich durch Ihre Präsentation klicken, das Fenster schließen lässt sich mit der **ESC**-Taste.

Detaillöschungen sind aber auch im Bearbeitungsfenster möglich.

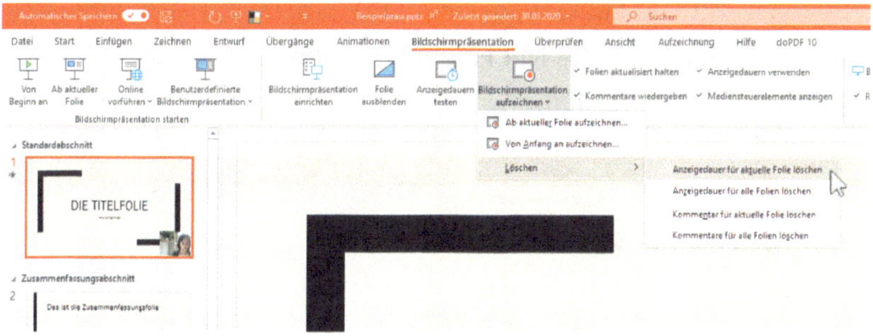

Sie können Ihr Werk am Ende dann als Bildschirmpräsentation speichern oder über ***Datei / Exportieren*** ein kompatibles *.mp4-Video, animiertes Gif oder andere Dateitypen erstellen.

Bereits im allgemeinen Kapitel haben wir uns die Zeichenmöglichkeiten auf dem Touchscreen angesehen und hierbei eine Möglichkeit ausgelassen, die es nur für PowerPoint gibt. Kümmern wir uns jetzt darum. Wir haben hier nämlich ein Lineal zur Unterstützung. Einzublenden es in der Registerkarte **Zeichnen**.

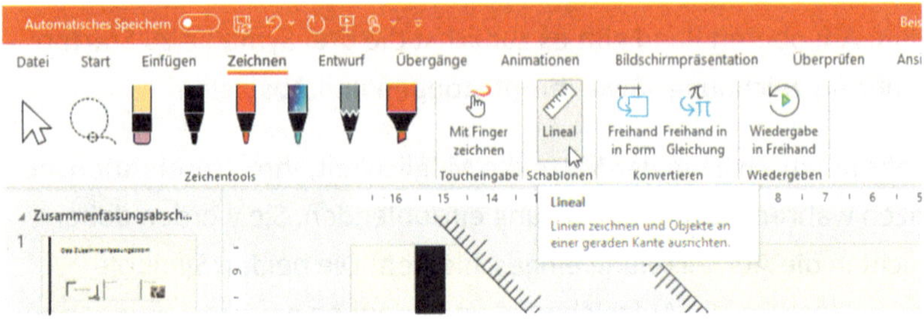

Es wird daraufhin quer über die Folie eingeblendet und kann mit zwei Fingern auf dem Bildschirm auf beliebige Winkel gedreht werden. Ein Finger verschiebt es jeweils parallel.

Gedacht ist das Lineal dafür, dass man mit seiner Hilfe gerade und ordentliche Striche mit den Stiften und gern auch dem Finger ziehen kann. Solange der Modus **Mit Finger zeichnen** aktiv ist, kann das Lineal nicht bewegt werden.

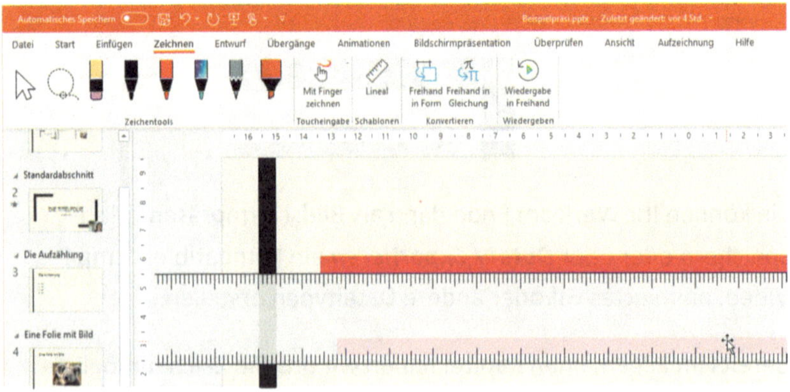

Am Ende kann man das Lineal selbstverständlich auch wieder ausblenden und hat dann eine saubere Zeichnung.

5 Outlook

5.1 Das Programmfenster

In Outlook fällt sofort die platzsparende und auf die wichtigsten Funktionen beschränkte Oberfläche auf.

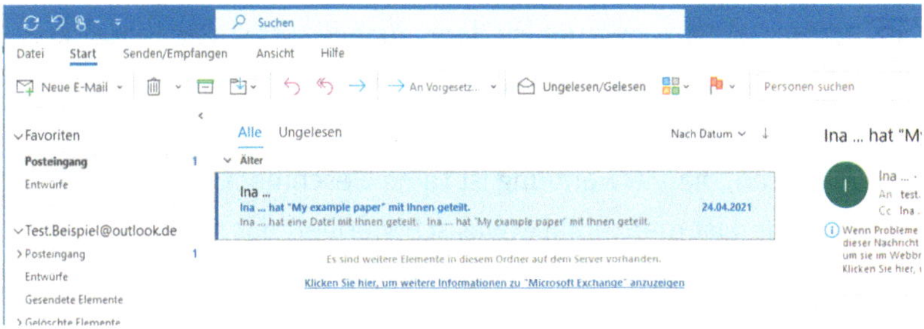

Sie lässt jetzt mehr Platz für die eigentlichen Inhalte, mit denen gearbeitet wird. Sie kann, wie vorher auch schon, mit Doppelklick auf einen der Registerkartentitel noch einmal reduziert werden.

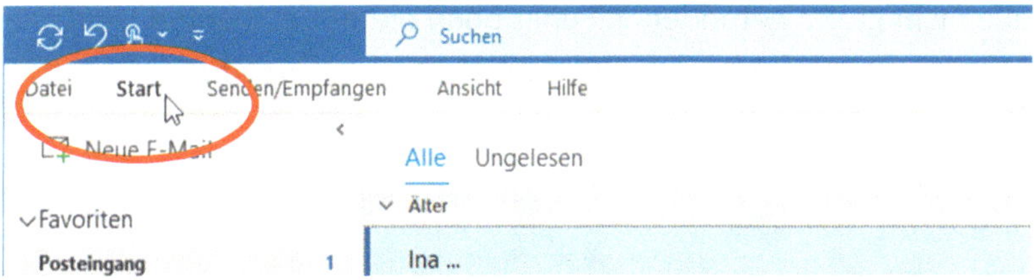

Ein weiterer Doppelklick blendet die verdeckten Symbole dann auch wieder ein. Wer die bekannten Menübänder der Vorversionen bevorzugt, kann sie aber über einen gut versteckten Weg wieder aktivieren: Ein Rechtsklick auf eine beliebige Schaltfläche im Menüband bietet diese Möglichkeit an.

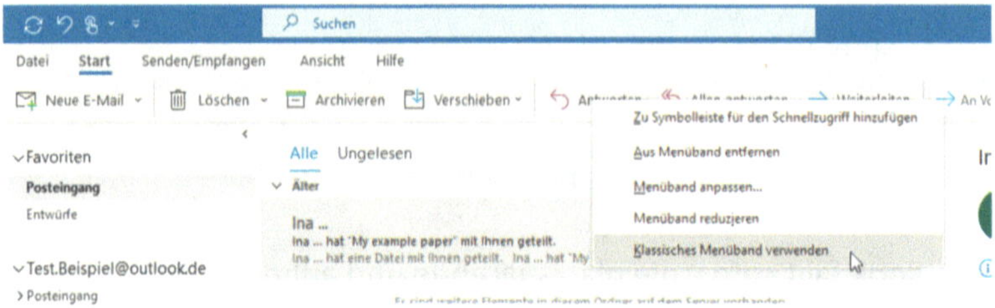

Danach sieht alles wieder vertraut aus. Wegen der besseren Erkennbarkeit hier im Druck werde ich dann auch dieses sogenannte „klassische“ Menüband weiterhin verwenden. Sie können dieselben Funktionen aber selbstverständlich auch mit den neuen Menübändern erhalten, die Verwendung ist reine Geschmackssache. Lediglich das Auffinden ist manchmal etwas schwieriger, das sehen wir uns gleich an einem Beispiel einer empfangenen E-Mail an:

Da sämtliche Textfunktionen in Outlook eigentlich von Word ausgeführt werden, können Sie jetzt auch E-Mails vorlesen lassen. Die Schaltfläche findet sich sowohl im Programmfenster als auch im jeweiligen Mailfenster - sofern man an der richtigen Stelle sucht. Für alle nicht gleich gefundenen Funktionen bietet sich bei reduziertem Menüband ganz rechts ein Klick auf die drei Punkte an. Dort wird man meist fündig.

Wieder ein Rechtsklick ist das Mittel der Wahl, um – wie für alle nicht leicht wiederzufindenden Schaltflächen – die gewünschte Funktion in die Titelzeile zu setzen. Damit lassen sich die Mauswege teils erheblich verkürzen und versteckte Funktionalitäten leichter auffindbar machen.

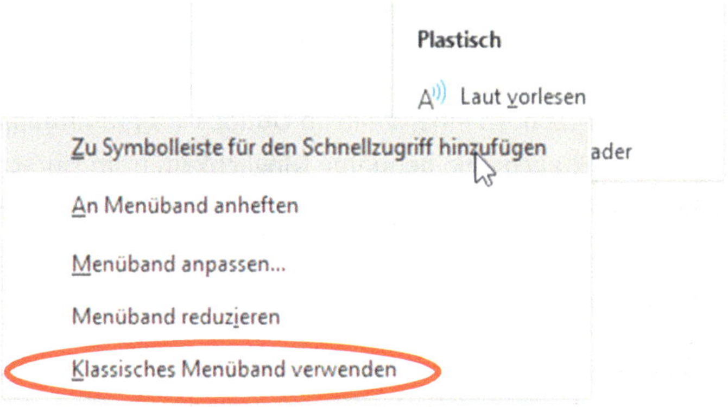

Und wir sehen auch im Mailfenster wieder die Möglichkeit, das klassische Band einzublenden.

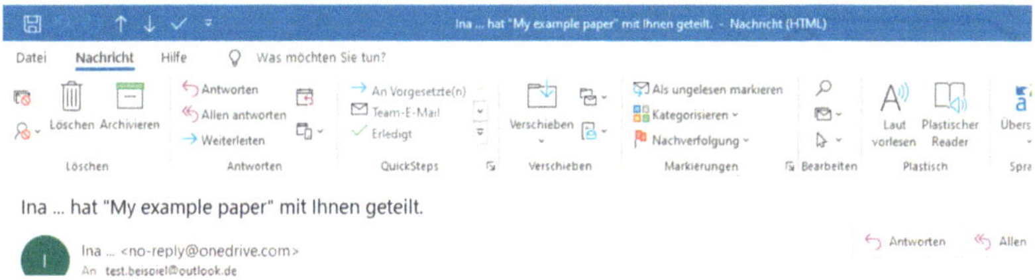

Es kann also für die verschiedenen Outlook-Fenster entschieden werden, ob Funktionsumfang oder Platzbedarf wichtiger ist. Denn gerade beim modernen Menüband werden ganz unterschiedlich viele Funktionen eingeblendet – je nach Größe des Fensters. Alle weggefallenen finden sich dann standardmäßig nur unter den drei Punkten.

Auch im Outlook-Programmfenster ist die Vorlesefunktion mit dem klassischen Menüband deutlich leichter zu finden.

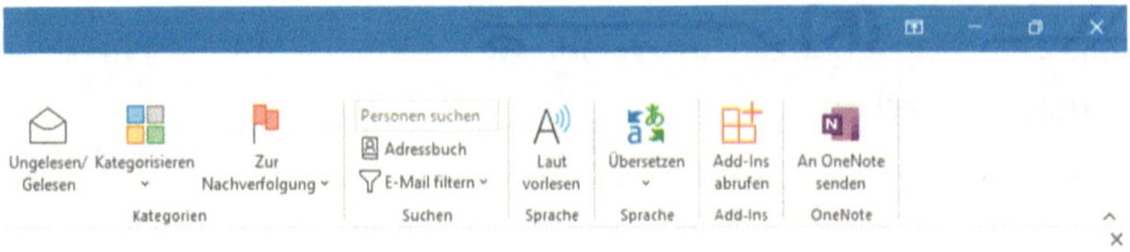

Bleiben wir jetzt noch eine Weile im Outlook-Programmfenster. Hier finden wir z.B. auch eine bequeme Möglichkeit, fremdsprachige Nachrichten maschinell übersetzen zu lassen. Sie funktioniert allerdings ausschließlich in Zusammenhang mit den Clouddiensten von Microsoft und wird daher häufig administrativ deaktiviert werden.

Neu in Outlook ist die Darstellung des Posteingangs mit Relevanz – gewissermaßen eine Zwischenstufe zwischen wichtigen Mails und Spam.

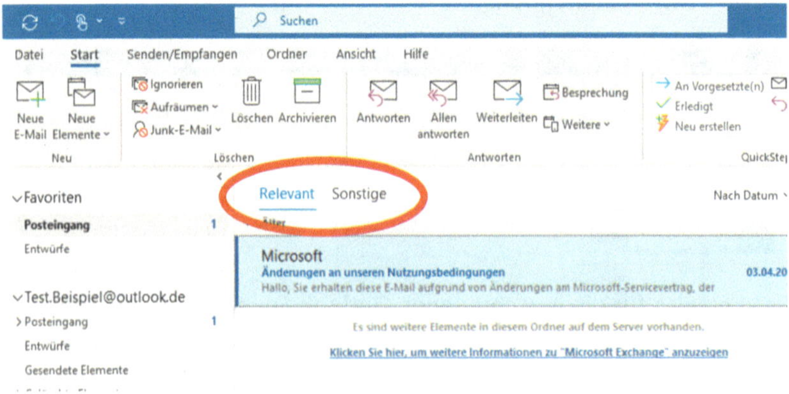

Ob das für übersichtlich gehalten wird, ist Geschmackssache. Sofern die Darstellung Ihrem Geschmack nicht entspricht, kann die Anzeige über die Registerkarte **Ansicht** wieder auf die Vorversion geschaltet werden.

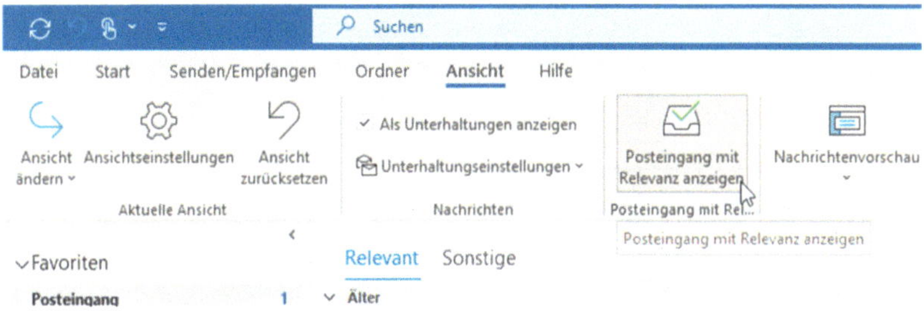

Für diejenigen, die sich gern schnell die Liste der E-Mails aufräumen, wurde ein bekanntes Werkzeug mit neuen Möglichkeiten versehen. Die **Schnellen Aktionen** können jetzt mit Rechtsklick über einer Mail weiter an die Bedürfnisse angepasst werden. Im Kontextmenü finden wir den fraglichen Eintrag.

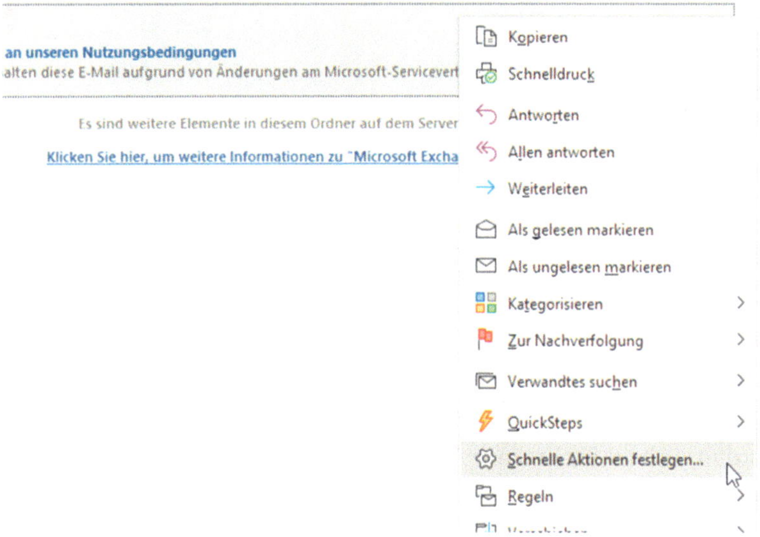

Mit dem sich öffnenden Fenster können jetzt zwei weitere dort anzuzeigende Symbole ausgewählt werden.

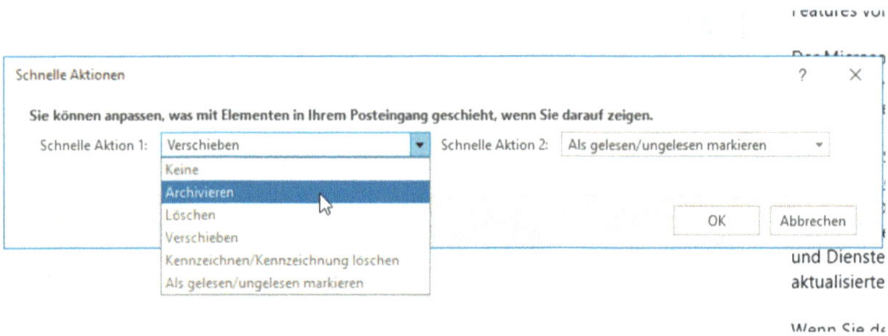

Je nach gewählten Aktionen werden dann in der Listenansicht beim Überstreichen der Nachrichten weitere Symbole angeboten.

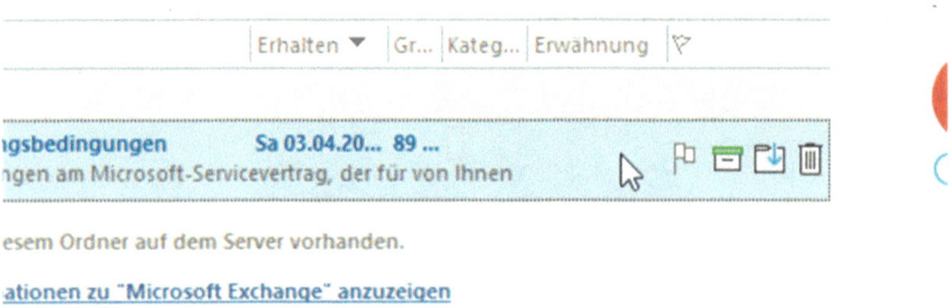

Zu guter Letzt ist jetzt das Suchfenster einerseits in die Titelzeile verlegt worden und andererseits um einige Funktionalitäten erweitert worden. Sobald Sie in dieses Feld klicken, klappt es sich auf und bietet weitere Konkretisierungsmöglichkeiten an.

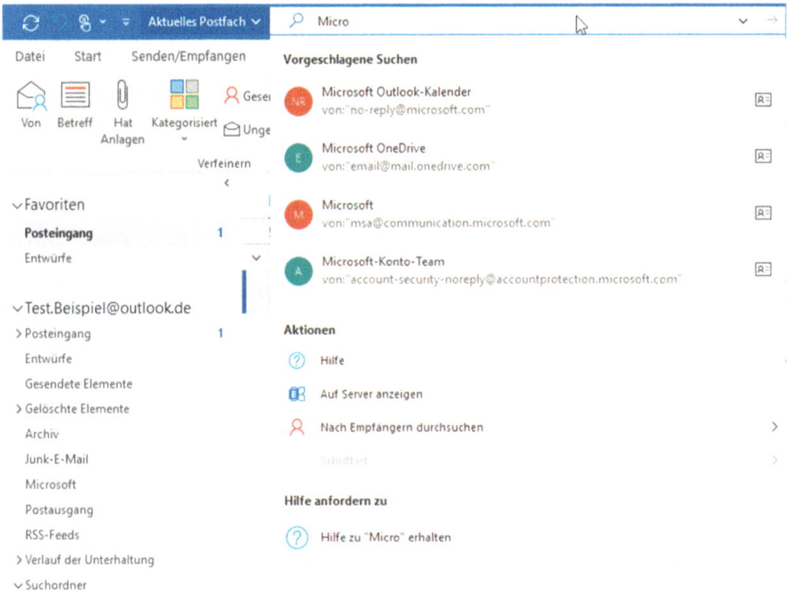

Beachten Sie insbesondere, dass Unterstrukturen des aktuellen Ordners nur durchsucht werden, wenn Sie das auch auswählen. Weitere Möglichkeiten können über den Klapppfeil ausgewählt werden oder über das kontextsensitive Menüband **Suchen**, das sich im Hintergrund öffnet.

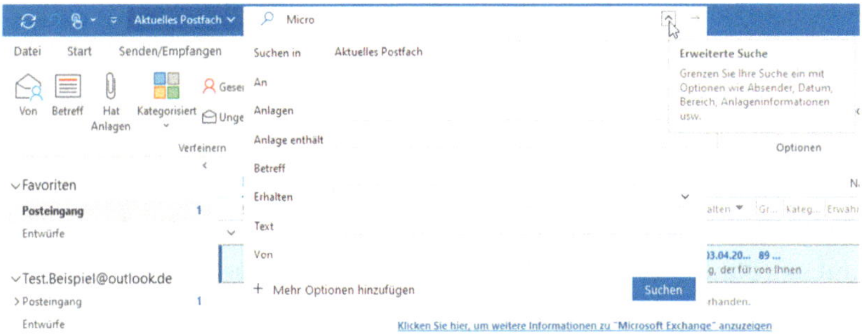

5.2 E-Mail

Zunächst ein nettes Extra: Falls Sie Freude an animierten *.gifs in Mails haben, können Sie sie jetzt auch in Outlook einfügen und bewegt anzeigen lassen.

Ansonsten gibt es eine lange überfällige Verbesserung für alle diejenigen, die öfter Textbausteine in E-Mails verwenden möchten. Die hakelige Verwendung von Outlook-Vorlagen ist damit nicht mehr nötig, auch die funktionierenden, aber häufig unbekannten Schnellbausteine werden jetzt seltener gebraucht. Denn jedes E-Mail-Fenster hat jetzt einen beliebig verwendbaren Vorlagenbereich, der sich nach Bedarf ein- oder ausblenden lässt.

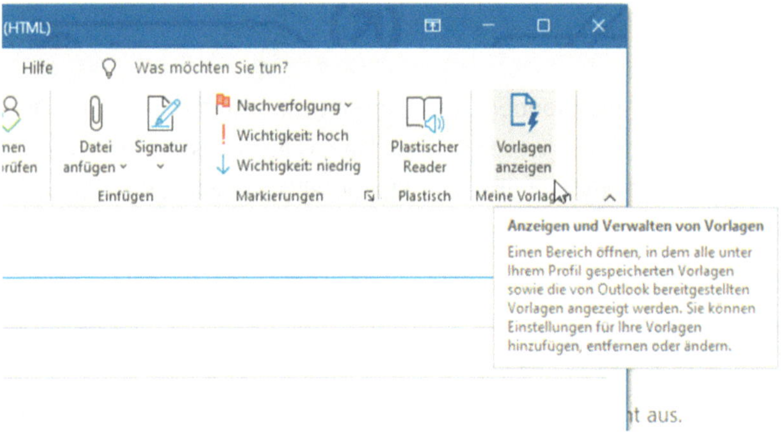

Hier werden schon einige Vorschläge seitens Microsoft angeboten, die man für sich bearbeiten oder auch löschen kann. Mit einem Klick auf das blaue Vorlagenlink lassen sich jedenfalls beliebige eigene Bausteine erstellen.

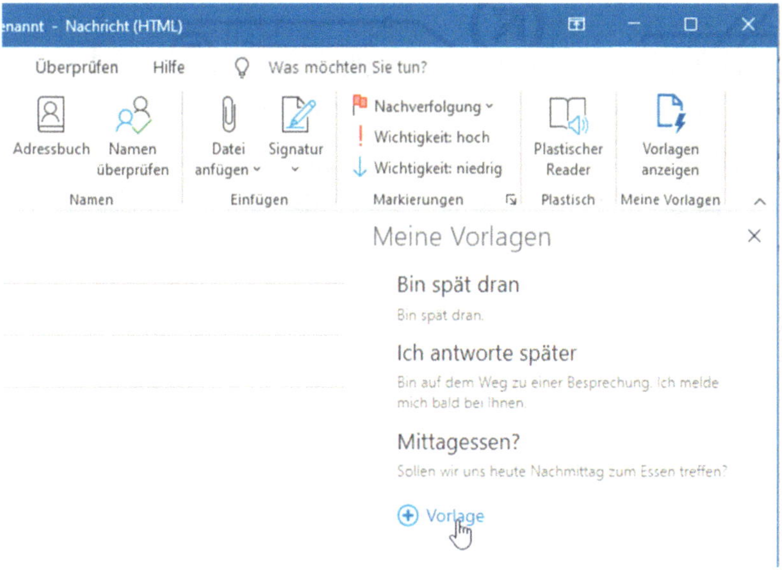

Den Titel der Textvorlage sehen später nur Sie, eingefügt wird der jeweilige Text aus dem Fenster darunter.

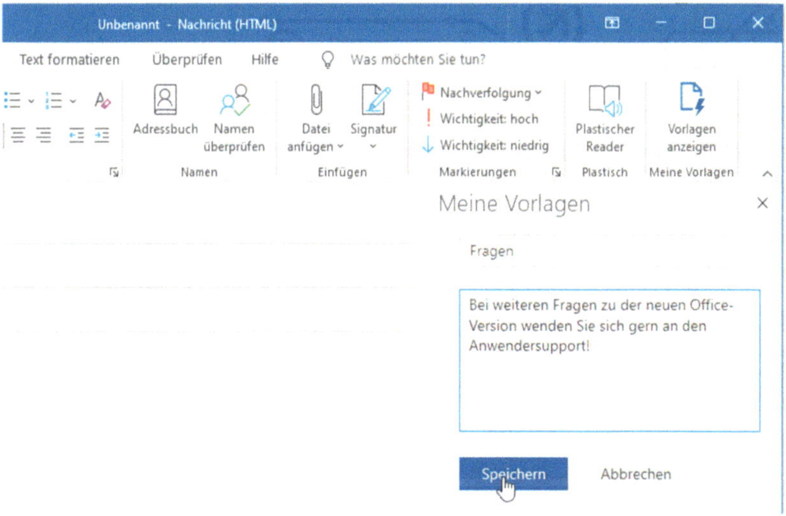

Die Bausteine werden dann am rechten Rand aufgelistet und können mittels Doppelklick an beliebiger Stelle in der Mail verwendet werden. Durch Klick auf das entsprechende Symbol sind auch später noch Änderungen möglich.

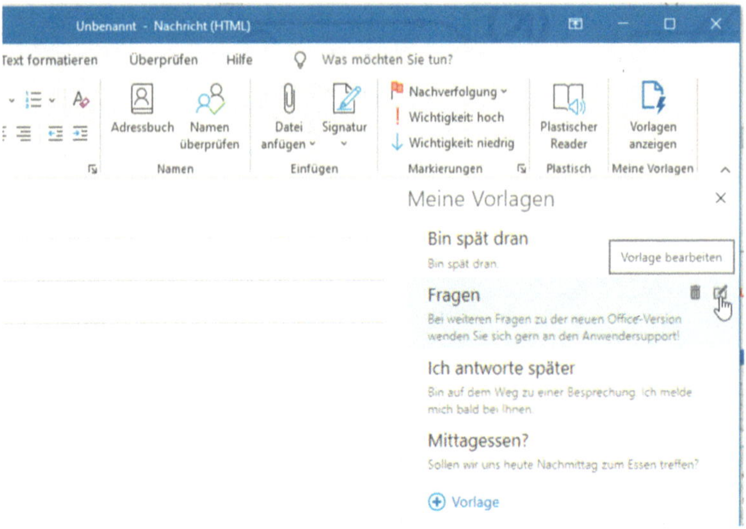

Praktisch von extern zugelaufen ist eine Funktion, die es aus anderen Anwendungen und dem normalen Umgang schon länger gibt: die **@-Erwähnungen**. Selbstverständlich kann man sie einfach so zur Ansprache einer Person aus einem größeren Empfängerkreis in den Text der E-Mail schreiben, es wurde aber noch etwas mehr Funktion hinterlegt. Nehmen wir also eine Nachricht, die zunächst an einen begrenzten Personenkreis adressiert ist. Dann fällt dem Schreibenden ein, dass ein spezieller Punkt einen bestimmten Empfänger betrifft, der vielleicht noch gar nicht in der Empfängerliste enthalten ist. Durch das Schreiben eines @-Zeichens in den Mailtext werden Kontaktvorschläge gemacht, aus denen einfach der Gewünschte per Mausklick ausgewählt werden kann.

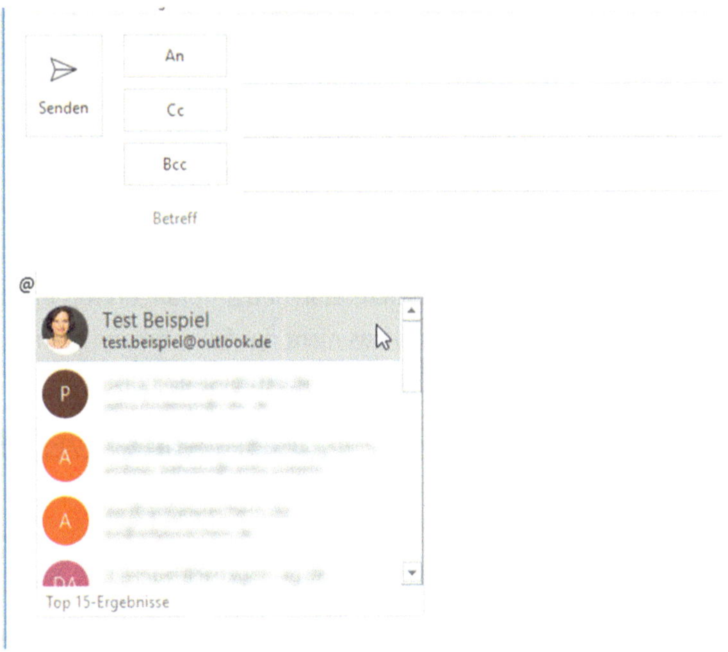

Nach dem @ im Text der E-Mail werden Empfänger aus der letzten Zeit vorgeschlagen. Nach Auswahl passieren zwei Dinge. Deutlich sichtbar wird einerseits der spezielle Empfänger der speziellen Nachricht. Andererseits wird dieser vielleicht eben dort noch nicht erwähnte Empfänger in die An-Zeile gesetzt.

Damit wird mit der Übersichtlichkeit für die Empfänger auch der Gedankenfluss des Autors besser unterstützt.

In manchen Umgebungen wird im Posteingang neben den beiden Registerkarten ***Alle / Ungelesen*** bzw. ***Relevant / Sonstige*** dann auch eine weitere Registerkarte ***Erwähnungen*** angezeigt. Dort findet man dann die Nachrichten herausgefiltert, in denen man selber über die oben gezeigte Funktionalität in den Empfängerkreis einer Mail aufgenommen wurde. Wo das nicht der Fall ist, kann man die Liste der Mails nach diesem Merkmal filtern.

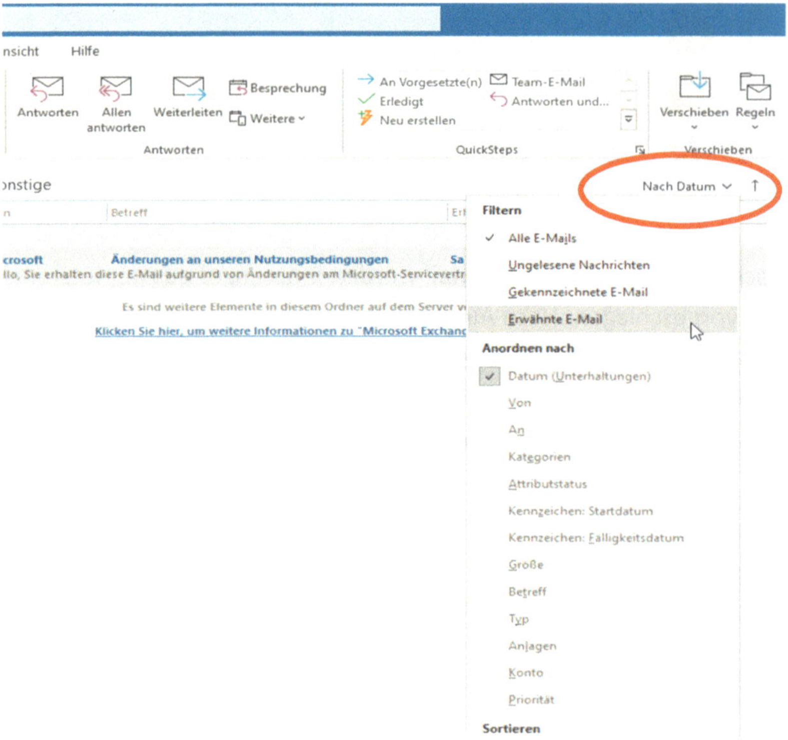

5.3 Kalender

Hier gibt es zunächst in nettes Detail für diejenigen, die vergessen, dass zwischen den Terminen noch immer ein paar Minuten Erholung eingeplant werden sollten: Outlook kann Pufferzeiten jetzt automatisch berücksichtigen. Die Einstellung dazu finden Sie unter ***Datei / Optionen***.

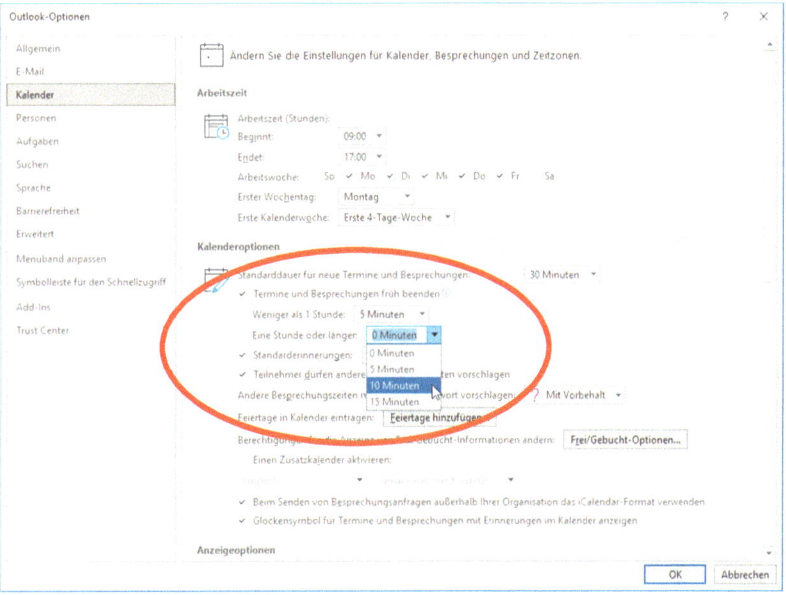

Wenn diese Termine Besprechungstermine sind, werden im Terminplanungsassistenten jetzt automatisch Vorschläge sowohl aus dem Adressbuch als auch den Kontakten angezeigt. Damit wurde dieses Planungswerkzeug erheblich der Praxis angepasst – wenn natürlich weiterhin die verfügbaren Zeiten nur für Mitarbeiter derselben Struktur angezeigt werden können.

6 Weiterführendes

In der Reihe „kurz & knackig“ sind u.a. aktuell verfügbar:

Bd. 6: Die Nadel im Heuhaufen
Bd. 8: Mailings erstellen und selbst frankieren
Bd. 10: Teamarbeit
Bd. 12: Office 2019 – Was gibt's Neues?
Bd. 13: Outlook 2019 als persönliche Assistentin
Bd. 14: Arbeit für Doofe sparen
Bd. 15: Datenmassen bändigen
Bd. 16: Outlook 365 als persönliche Assistentin
Bd. 17: Fehler verhindern
Bd. 18: Excel auf der Landkarte
Bd. 20: Textverarbeitung für Studierende und Azubis
Bd. 21: Sofortiger Überblick
Bd. 22: Erklärvideos erstellen mit PowerPoint
Bd. 23: Das digitale Notizbuch - OneNote in Windows und Office
Bd. 24: Abfragen, SVerweis, XVerweis & Co.
Bd. 25: Bewegung! - in PowerPoint 365
Bd. 26: Office 365 – Was gibt's Neues? - **Farbdruck!**
Bd. 27: Office 2021 - Was gibt's Neues? - **Farbdruck!**

... diese und alle neuen jeweils unter

www.kurzundknackig.online und KurzUndKnackig

Made in United States
Troutdale, OR
11/03/2026

56844699R00050